Conflictos en la escuela de la era digital

Tecnología y violencia

Alejandro Castro Santander

Conflictos en la escuela de la era digital

Tecnología y violencia

Castro Santander, Alejandro
Conflictos en la escuela de la era digital : tecnología y violencia .

1. Educación. 2. Violencia. 3. Tecnologías.

Director del Departamento de Educación: Dr. Julio César Labaké

Corrección: Pablo Valle
Diagramación de interiores y de cubierta: Natalia Siri

Índice

Introducción

Educación desabrida

> *"La hipótesis es sencilla.*
> *El aprendizaje es del orden del sabor, del sabor del encuentro"*
> (E. ANTELO, *Sabor a mí. Enseñar, saborear, encontrar*).

Sabor y saber[1] pertenecen a la misma familia de palabras, y esto nos permite confesar, metafóricamente, que el conocimiento que reciben como alimento nuestros alumnos,[2] en esta nueva modernidad, es apreciado, por lo general, no con mal sabor sino insípido.[3] No es sencillo rumiar (ni tragar) lo que no tiene gusto, y esto es tan válido para nuestros estudiantes como para aquellos que intentamos promover y cuidar la educación, al mismo tiempo que percibimos los significativos cambios que la desafían. No hay sabiduría[4] si no se ha saboreado, y el saber y el sabor sufren hoy un peligroso desencuentro.

---

[1] Del latín sapere, que inicialmente tuvo el significado de 'tener tal o cual sabor', 'ejercer el sentido del gusto, tener gusto', y a partir de él se desarrolló el sentido figurado de 'tener inteligencia, ser entendido'. A la misma familia etimológica latina pertenecen *desabrido*, *insípido*, *sabio*, *sabor* y *sapiencia*.

[2] Del latín *alumnus*, 'persona criada por otra'; derivado de un antiguo participio de *alere*, 'alimentar', empleado en acepción figurada.

[3] Del latín *insipidus*, 'sin gusto', formado con el prefijo privativo *in-*, 'sin', y *sapidus*, 'sabroso', derivado a su vez de *sapere*, 'saber'.

En las últimas décadas, lentamente dejamos de sazonar los conocimientos que servíamos a nuestros alumnos. Aquellas estrategias o recursos que poseíamos los profesionales de la educación, y nos permitían observar cómo los chicos se entusiasmaban y aprendían al ritmo de nuestra pasión por enseñar, en la actualidad se han desvanecido con la misma celeridad con que se van produciendo cambios familiares, culturales y tecnológicos.

Sentados todos a la mesa, los platos cargados de conocimientos continúan sirviéndose, pero ya nadie felicita al chef. Los invitados comentan (no siempre en voz baja) que aquel menú que en otra época sólo recibía elogios ya no es sabroso o resulta indigesto. Sólo se argumenta que el artista perdió el entusiasmo con el que preparaba su obra, pero pocos analizan los cambios que se produjeron en la calidad y la pertinencia de los ingredientes, el ambiente para poder degustar, y que los nuevos y numerosos comensales tienen otro paladar.

En esta cultura dietética, todos coinciden en que no existe una adecuada asimilación y, por lo tanto, se deben preparar nuevos menús. ¿Cómo saborear hoy las ideas para que luego se conviertan en sabiduría, si aún no aparecen quienes tomen la decisión para cambiar la carta, ni los artífices que se animen a prepararla?

Tan hiperconectados como incomunicados

¿Para cuántos seres humanos el primer acto en la mañana no es desayunar sino tomar su teléfono celular y responder mensajes? Una peligrosa esclavitud que obliga a estar siempre

---

4 Los antiguos distinguían tres formas de la sabiduría: el *saber intelectual*, lo que se capta de lo que se dice *(scire)*; el *saber emocional*, lo que se ha saboreado alguna vez *(sapere)*, y el *saber afianzado*, que se ha experimentado y asimilado *(experire)*. Cada sabiduría suele ser simbolizada por el cerebro, el corazón y el hígado, respectivamente, y esto permite reflexionar sobre los "desequilibrios" de la inteligencia.

conectado y cercano de aquellos están lejos, y distanciado de aquellos que están al lado. Una sobredosis de información y comunicación virtual que puede acabar con el encuentro "cara a cara" si no reaccionamos y aprendemos el justo medio.

Si bien en algunos restaurantes, cafés y negocios de comida rápida se atraen los clientes ofreciendo Wi-Fi gratis mientras se consume, otros ya comenzaron a reaccionar al abuso de la telefonía móvil; en restaurantes como el Rogue 24, de Washington, o el Windsor & Tower Hotel, de la ciudad de Córdoba, en Argentina, se animan a prohibir o "sugerir" a los clientes que, durante el tiempo en que degusten sus alimentos, no utilicen el celular. El motivo, según los gerentes, es incentivar las relaciones personales y fomentar el diálogo.

Europa también busca recobrar el placer de comer, beber y conversar sin interrupciones, y un 60 por ciento de las personas encuestadas en estos establecimientos, que buscan hacer "docencia" con sus clientes, aceptan esas restricciones con agrado, ya que reconocen que actualmente no es sencillo mantener una conversación sin que alguno de los interlocutores deje con la palabra en la boca a los otros porque se activó su celular.

Ya sea para favorecer los buenos hábitos o para evitar los abusos (de aquellos que conversan a los gritos mientras se pasean entre las mesas), lo cierto es que algunos, respetuosa y sutilmente, pero de forma contundente, como el Rogue 24, hacen firmar un contrato[5] a los comensales, indicándoles la prohibición y asegurándoles que de esta forma "todos" podrán disfrutar las experiencias que los rodean, libres de distracción.

Somos seres sociales, pero la comunicación debemos construirla. Necesitamos aprender a convivir en un mundo que privilegia la información y la comunicación mientras se olvida o descuida al otro. Puedo vivir rodeado de las nuevas pantallas

....

5 En Internet: http://dc.eater.com/archives/2011/08/17/rj-cooper-on-rogue-24s-newly-revised-reservation-policy.php.

(monitor, celular, tablet, iPhone, iPad, iPod), dedicar un tiempo importante de mi vida a contactarme con los lejanos amigos virtuales de las redes sociales y, aun así, estar solo e incomunicado existencialmente frente a un dispositivo que no podrá nunca demostrarme afecto.

Lo cierto es que, mientras menos comunicados estemos, más insatisfechos nos sentiremos, porque necesitamos de un *otro real* que se vincule también con la mirada y nos transmita sus emociones a través de gestos, expresiones y tonos de voz, no de "emoticones". El que quiera reemplazar la convivencia real por la virtual podrá conseguir algún tipo de satisfacción temporal, pero ninguna computadora conectada al ciberespacio sustituirá el abrazo de un amigo de carne y hueso.

Abrazando al erizo

Pero no es sencillo estar bien con los demás, y menos aun cuando, junto con la carne, los huesos y las feromonas, están esas actitudes y defectos que no siempre nos agradan.

Cuenta una fábula que, durante la Edad de Hielo, los animales morían a causa del frío.

Los erizos, dándose cuenta de la situación, decidieron unirse en grupos. De esa manera, se abrigarían y protegerían entre sí; pero las espinas de cada uno herían a los compañeros más cercanos, justo los que ofrecían más calor. Por lo tanto, decidieron alejarse unos de otros y empezaron a morir congelados.

Así que tuvieron que hacer una elección: o aceptaban las espinas de sus compañeros o desaparecían de la Tierra. Con sabiduría, decidieron volver a estar juntos y, de esa forma, aprendieron a convivir con las pequeñas heridas que la relación de alguien muy cercano puede ocasionar, ya que lo más importante es el calor del otro. De esa manera, pudieron sobrevivir.

Moraleja: la mejor relación no es aquella que une a personas perfectas, sino aquella en que cada individuo aprende a vivir con los defectos de los demás y admirar sus cualidades.

Ahora bien, ¿quiénes enseñan hoy, intencionalmente, a convivir con otro u otros? ¿La familia?, ¿la escuela?, ¿los medios de comunicación?, ¿la comunidad?, ¿todos?, ¿ninguno? No es sencillo resolver las diferencias con aquellos que apreciamos, y menos aun con quienes tenemos marcados desencuentros. A estar bien con el otro se aprende, y expertos de todas las disciplinas coinciden en que, en esta nueva sociedad, faltan modelos y maestros de la buena convivencia.

Ser sabio

"... ninguno de los dos sabemos nada, pero yo soy el más sabio, porque yo, por lo menos, lo reconozco. Así que pienso que, en este pequeño punto, justamente, sí que soy mucho más sabio que él: que lo que no sé, tampoco presumo de saberlo"
(PLATÓN, *Apología de Sócrates*).

Ya afirmamos que "sabiduría" deriva de *saborear*, una palabra que en sus orígenes no estaba asociada con la posesión de conocimientos, sino que simplemente significaba saborear, gustar y gozar de la verdad. Luego, se la consideró aquella habilidad que se desarrolla con la aplicación de la inteligencia en la experiencia y que permite alcanzar conclusiones que nos dan un mayor entendimiento de las cosas.

Considerada una capacidad psicológica única, la sabiduría ha sido mencionada desde la antigüedad, y sobre ella se ha discutido desde diversas disciplinas del conocimiento. Así, la filosofía y la religión la consideran una virtud humana que permite promover el bien común más allá de la propia satisfacción personal. Los componentes que con frecuencia se le atribuyen han sido la capacidad de empatía, la compasión, la estabilidad emocional, el autoconocimiento y actitudes pro-sociales, como la tolerancia y la solidaridad.

Recientemente, dos profesores del Departamento de Psiquiatría de la Universidad de California en San Diego (UCSD), Dilip V. Jeste y Thomas W. Meeks, han encontrado un concepto más ajustado de sabiduría. Según publica la UCSD en un comunicado,[6] Jeste y Meek, en colaboración con investigadores de otras universidades, preguntaron a un grupo de 57 expertos de distintos países sobre las características de la sabiduría, la inteligencia y la espiritualidad. Midieron hasta qué punto cada uno de estos conceptos era definido de manera similar o diferente de los demás, intentando encontrar una definición que incluyera cada aspecto importante de la sabiduría.

Una de las conclusiones fue que la inteligencia y la espiritualidad comparten ciertos rasgos con la sabiduría, pero no son lo mismo. Así, un individuo puede ser muy inteligente, pero carecer de conocimientos prácticos. Por otro lado, la espiritualidad se asocia a menudo con la edad, de la misma forma que la sabiduría, pero a esta última se la define generalmente en términos mundanos, no espirituales.

Los autores explican, en un artículo aparecido en el *The Gerontologist* (Oxford Journals, 2010),[7] que para la investigación se utilizó el método Delphi,[8] aplicándose un cuestionario que debe ser contestado por los expertos. Una vez recibida la información, se vuelve a realizar otro cuestionario basado en el anterior.

....

[6] En Internet: http://ucsdnews.ucsd.edu/newsrel/health/05-07ExpertsWisdom.asp.
[7] En Internet: http://gerontologist.oxfordjournals.org/content/early/2010/03/15/geront. gnq022.abstract?sid=26bc345c-6869-4ded-b02f-08264a687ff6.
[8] Metodología de investigación multidisciplinar para la realización de pronósticos y predicciones. Fue desarrollado al inicio de la Guerra Fría para investigar el impacto de la tecnología en la guerra, y posteriormente (2001) perfeccionado. El nombre del método se basa en las predicciones del oráculo de Delfos.

En el estudio se incluyeron un total de 53 afirmaciones relacionadas con la sabiduría, la inteligencia y la espiritualidad.

En primer lugar, todos los especialistas señalaron que la sabiduría es un atributo únicamente humano. Además, esta virtud, según ellos, es una forma de desarrollo cognitivo y emocional avanzado, derivado de la experiencia. Por otra parte, para los expertos, la sabiduría es una cualidad personal, fuera de lo común, que puede aprenderse y aumentar con la edad, y que probablemente no puede incrementarse por métodos artificiales.

Si bien con estos resultados no queda definida completamente la sabiduría, los investigadores establecieron, a partir de la revisión de otros estudios realizados, que ciertas características de esta habilidad tenían relación con diferentes áreas del cerebro. Así, la corteza prefrontal se activa con la regulación emocional o la capacidad de relativizar; la corteza prefrontal lateral facilita la toma de decisiones calculadas o basadas en razonamientos, y la media estaría implicada en el equilibrio emocional y las actitudes pro-sociales o socialmente positivas.

Sabios digitales

"La tecnología por sí misma no sustituirá la intuición, el buen juicio, la moral y la capacidad para resolver problemas. Pero en un futuro inimaginablemente complejo, la persona realzará sus capacidades gracias a la tecnología digital, incrementando así su sabiduría"
(MARC PRENSKY, *Homo sapiens digital*).

Gran parte de las críticas que se formulan a las nuevas tecnologías de la información y la comunicación (TIC) está dirigida a la significativa pérdida de capacidades para relacionarse en las paradójicamente llamadas "generaciones interactivas".

Nadie duda que las nuevas formas de comunicación digital permiten interactuar *(on line)* con cientos de "amigos virtuales"; pero las habilidades sociales de las que tradicionalmente hablamos involucran procesos de comunicación que, frente a las nuevas pantallas, no se necesitan.

Marc Prensky, en su trabajo *Homo sapiens digital* (2009), buscando superar su anterior concepto de "nativos digitales" (2001), introduce la idea de "sabiduría digital", la que se alcanzaría a través de la tecnología digital. Este saber, según Prensky, puede y debe ser aprendido y enseñado, y el desarrollo de competencias digitales para el uso crítico, constructivo y responsable de las tecnologías sería el nuevo desafío que las políticas educativas y los profesionales de la educación deberán enfrentar.

Es cierto que, gracias a la tecnología, contaremos con información al instante, pero la manera en que utilicemos estos recursos y la forma en que filtremos la inmensa cantidad de datos para encontrar lo que necesitamos dependen de nosotros. Para eso habrá que formar en nuevas competencias, no sólo tecnológicas sino también pertinentes a las formas necesarias de interacción para la *ciudadanía digital* o el comportamiento cívico en la Red (netiqueta).

Decálogo de la netiqueta

Se han escrito distintos manuales de cortesía en la red, pero el libro NETiquette,[9] de Virginia Shea, se considera la versión definitiva. Publicado en 1994, contiene 10 reglas básicas de comportamiento en la red.

1. Nunca olvide que la persona que lee el mensaje es, en efecto, humana, con sentimientos que pueden ser lastimados.

2. Adhiérase a los mismos estándares de comportamiento en línea que usted sigue en la vida real.

3. Escribir todo en mayúsculas se considera gritar y, además, dificulta la lectura.

4. Respete el tiempo y el ancho de banda de las otras personas.

5. Muestre el lado bueno de su persona mientras se mantenga en línea.

6. Comparta su conocimiento con la comunidad.

7. Ayude a mantener los debates en un ambiente sano y educativo.

8. Respete la privacidad de terceras personas; hacer un grupo contra una persona está mal.

9. No abuse de su poder.

10. Perdone los errores ajenos.

....

9 Las principales reglas de la netiqueta: http://www.albion.com/netiquette/corerules.html.

Los comportamientos citados necesitan desarrollar habilidades pro-sociales, las que hoy no sólo no se reciben en la escuela, sino que tampoco las está educando la familia. Si a este déficit le sumamos las habilidades de interacción que se pierden al no producirse la comunicación con una persona real sino virtual (como es el caso del *avatar*[10]), y aceptamos lo que la neurociencia nos revela acerca de la reestructuración de los cerebros de quienes interactúan con tecnología, estas y las próximas generaciones serán de auténticos "ignorantes emocionales".

La entusiasta afirmación de Prensky, "*A medida que la tecnología se vuelve más sofisticada, lo que llamamos 'la sabiduría humana' llegará a niveles más altos*", puede convertirse en una realidad o ser un paso más en la involución del *Homo sapiens*, que, digital o no, será un ciudadano imposibilitado de alcanzar la sabiduría, si no somos capaces de formarlo integralmente.

> **Educar continúa demandando la promoción de las nuevas generaciones digitales, a través de una formación que reúna competencias tecnológicas y virtudes humanas.**[11]

....

[10] Representación gráfica, generalmente humana, que se asocia a un usuario para su identificación. Los avatares pueden ser fotografías o dibujos artísticos, y algunas tecnologías permiten el uso de representaciones tridimensionales, como es el caso de Second Life.
[11] Platón plantea que el ser humano dispone de tres poderosas herramientas: el intelecto, la voluntad y la emoción. Para cada una de estas, existe una virtud: la sabiduría, el valor y el autocontrol, respectivamente. La sabiduría permite identificar las acciones correctas, saber cuándo realizarlas y cómo realizarlas.

Socialización e Inteligencia

"La inteligencia social exigió desde el principio el desarrollo
de ciertas capacidades intelectuales abstractas.
Si los hombres querían orientarse en el laberinto
de interacciones sociales, era esencial que fueran capaces
de una índole especial de planeación anticipada.
Habían de volverse seres calculadores,
capaces de mirar hacia adelante, a posibilidades aún
no realizadas, y de planear, contraplanear y enfrentar
su ingenio contra compañeros del grupo, sin duda
no menos sagaces que ellos mismos"
(N. HUMPHREY, *La reconquista de la conciencia*, 1987).

Hablar con otras personas de manera amistosa puede aumentar la capacidad intelectual. Por el contrario, las conversaciones que son de tono más competitivo que cooperativo no aportan beneficios cognitivos a los interlocutores. Estos serían los resultados más importantes de un estudio realizado en la Universidad de Michigan (EE. UU, 2010).[12]

Para el psicólogo Oscar Ybarra, director de la investigación, *"simplemente hablando con otras personas, por ejemplo, como cuando estamos haciendo amistades, se pueden obtener beneficios mentales"*. Esto sería posible por los cambios que produciría el contacto social en la actividad de la "función ejecutiva",[13] esencial para desenvolverse en la vida cotidiana, y resolver situaciones y problemas comunes.

En una de las fases de la investigación, los científicos descubrieron que existía una relación positiva entre la interacción

....

[12] En Internet: http://spp.sagepub.com/content/2/3/253.
[13] Concepto que engloba al conjunto de habilidades cognitivas que permiten la anticipación y el establecimiento de metas, la elaboración de planes y programas, el inicio de actividades y operaciones mentales, la autorregulación de las tareas y la habilidad de llevarlas a cabo eficientemente.

social (evaluada en función del número de contactos sociales reales) y el funcionamiento cognitivo de los participantes. Luego, los investigadores constataron que una interacción social de unos 10 minutos ya aumentaba el rendimiento cognitivo. Según Ybarra, esto sucede por el esfuerzo que las personas hacen para ponerse en el lugar del otro, provocando así un incremento de la función ejecutiva.

Esta investigación, sumada a los resultados obtenidos en investigaciones previas, permite comprender mejor la relación entre la inteligencia social y la inteligencia general. Ahora bien, ¿qué lugar ocupa en la educación (familia, escuela, medios, etc.) la alfabetización emocional social?

¿Qué les servimos?

Ya no sólo los especialistas reclaman cambios urgentes y radicales en una educación escolar que no termina de responder a las demandas actuales. La sociedad ve, en cada anuncio de mejora e innovación educativa, sólo detalles que no impactan en lo profundo de los sistemas. Mientras los responsables de las políticas educativas piensan en "decorar el plato" para que se vea mejor, ni los procesos, y mucho menos los resultados, conforman a aquellos ciudadanos que hoy se cuestionan acerca del sentido mismo de la educación escolar.

Los síntomas son evidentes: reproches de quienes piensan que la escuela ya no transmite (como lo hacía) los saberes básicos, dificultades para mantener niveles altos de equidad y calidad, falta de interés de los alumnos por unos saberes alejados de su realidad, quejas de los docentes porque han cambiado el clima escolar y su tarea.

Frente a esta situación, las modificaciones en las propuestas formativas, y el mismo rol de los profesionales de la educación, no pueden concentrarse sólo en modificar algunos ingredientes para dar mejor sabor; tal vez haya que cambiar la receta.

La escuela debe ayudar a promover el desarrollo social y económico de las naciones y lograr mejores niveles de igualdad y cohesión social; pero para esto hacen falta pactos socioeducativos inteligentes, generosos, perseverantes, pertinentes, libres de hipocresías. La dificultad: que los adultos responsables logren ponerse de acuerdo.

El estudio cualitativo *Posiciones y expectativas de las familias en relación al sistema educativo*, realizado por el colectivo de sociólogos IOÉ y publicado por el Ministerio de Educación de España (2010),[14] muestra que los padres consideran distintas funciones para la escuela.

A partir de entrevistas a cinco grupos de padres de distintos contextos socioeconómicos y geográficos, los divide en cuatro posiciones básicas:

- **Patriarcal:** quienes reclaman volver a un modelo tradicional más estricto, ya que consideran que el actual "no exige".
- **Clientelar:** aquellos que además esperan una escuela que transmita valores y actitudes de buenos ciudadanos.
- **Liberal:** integrada por quienes opinan que, más que valores, deben enseñarse las destrezas para integrarse con éxito en la sociedad.
- **Instituyente:** esperan que la escuela forme profesionales felices en función de sus intereses, aunque no todos sepan "redactar muy bien".

Según los responsables del estudio, las posturas clientelar y liberal son las mayoritarias, y de la forma como interactúen con las otras, junto con la oportuna intervención de los especialistas para "convencer" a padres y docentes, dependerán los futuros escenarios formativos.

....

[14] En Internet: http://www.colectivoioe.org/uploads/dd74c555bce4df0ec4b11a1073c89f5c819abb3b.pdf.

Una escuela para Ireneo Funes

"Había aprendido sin esfuerzo el inglés, el francés,
el portugués, el latín. Sospecho, sin embargo,
que no era muy capaz de pensar. Pensar es olvidar
diferencias, es generalizar, abstraer. En el abarrotado mundo
de Funes no había sino detalles, casi inmediatos"
(Jorge Luis Borges, "Funes el memorioso", *Ficciones*, 1944).

Cuenta Borges que, en el joven Funes, luego de aquel accidente en el que lo había volteado un caballo, *su percepción y memoria eran infalibles"*. Postrado en la cama, su asombrosa facultad lo obligó a recluirse en la oscuridad para descansar del fatigoso trabajo de recordar. Un don que para algunos puede ser promotor de sabiduría o de sufrimiento.

De esta forma, más que realizar un estudio de las pasiones, el escritor argentino muestra las paradojas de nuestras facultades intelectuales. Su protagonista es incapaz de reflexionar y descansar, impedido por la cantidad de datos que se alojan en su cabeza. El mismo Borges reconoció que su cuento era una *"larga metáfora del insomnio"*.

Por eso es sensato interrogarse con perseverancia acerca de la escuela que necesitan nuestros cachorros de *Homo digital*. Esto nos lleva a establecer necesariamente una distinción entre tres planos intelectuales, como son la información, el conocimiento y la sabiduría. En muchas oportunidades, los empleamos como sinónimos, y la sabiduría, como vimos, es el grado más alto del conocimiento, pero también involucra una conducta prudente en la vida.

¿Quién puede dudar que, en muchas de nuestras escuelas de la nueva modernidad, no se prioriza la sabiduría sino la adquisición de información, la que luego los alumnos deberán demostrar que han retenido? Sin embargo, muchos critican a los estudiantes que no filtran la información que obtienen de Internet. Pero ¿quién les ha enseñado a "copiar y pegar" de manera inteligente? Para ellos, la Red es como el docente: *"Si ellos lo dicen..."*.

Invitado especialmente en el Salón del Libro de Turín, decía Umberto Eco en una entrevista, refiriéndose a "Funes el memorioso": *"Era un idiota, incapaz de pensar por exceso de conservación. Internet es un idiota como Funes, porque recuerda todo"*; y luego previene sobre la abundancia que impide entender qué datos debemos conservar y cuáles descartar, ya que por Internet navegan millones de personas sin criterio para seleccionar la información.

Las escuelas continúan pareciéndose a las de hace 200 años, mientras que los alumnos y muchos docentes son *"sapiens digitales"*. Por esto, los especialistas coinciden en que ese conjunto de saberes que alguna vez fueron básicos ya no lo son, y que las nuevas tecnologías, que dan inmediato acceso a una cantidad de información jamás imaginada, obligan a que cada vez sea más importante saber seleccionar la información y relacionarla para convertirla en conocimiento.

> *"¿Dónde está la vida que hemos perdido en vivir?*
> *¿Dónde está la sabiduría que hemos perdido en conocimiento?*
> *¿Dónde el conocimiento que hemos perdido en información?"*
> (T. S. Eliot, "El primer coro de la roca", 1934).

Atrévete a saber

Estamos frente a una crisis socioeducativa, que continuamos reforzando en vez de revertirla en favor del desarrollo y la calidad de vida en nuestras comunidades. No se enseña ni se aprende conocimiento con sentido.

Ya nos alertaba el pensador austríaco Ivan Illich, hace cuatro décadas, que los sistemas educativos de nuestro tiempo han alcanzado, al ritmo de la expansión de los mercados, tal grado de burocratización y tecnologización, que difícilmente podemos encontrarles algo diferente de saberes puramente utilitarios. Nada más enfrentado con la búsqueda de la sabiduría; nada más alejado de la conquista autónoma de la propia humanidad.

Algunos no queremos resignarnos y preferimos tener respuestas optimistas a la inquietud de Juan Miguel Batalloso (2010), cuando se interroga: *"¿O no será que la educación amplia y formalmente entendida es un fenómeno que sucede fuera de las aulas y en los márgenes de éstas?"*.

Nos corresponde a nosotros, hoy, hacer frente a tanto discurso de reforma e innovación educativa *light*, que no sólo origina fantasías y "cegueras del conocimiento", sino que impide hacer visibles los problemas, y actuar para resolverlos.

Los desafíos más importantes de esta época que nos toca transitar son globales, complejos, contextuales y de comunicación interpersonal, y tendremos entonces que buscar respuestas que nos permitan, a través de la educación, promover al niño y al hombre de esta desordenada cibercultura, para que sean capaces de construir con responsabilidad un proyecto de vida junto a otros. Si, como tan lúcidamente decía Paulo Freire en su *Pedagogía de la autonomía*, *"la práctica educativa es afectividad, alegría, capacidad científica, dominio técnico al servicio del cambio…"*, el mundo que no nos gusta puede mejorar, porque seremos mejores.

"Dimidium facti qui coepit habet: sapere aude."
"Quien ha comenzado, sólo ha hecho la mitad:
atrévete a saber."[15]

---

[15] Frase acuñada por Horacio en el siglo I a. C., encontrada en una carta a su amigo Lolius (Epístola II del *Epistularum liber primus*).

Nuevas
pantallas

Generación del Bicentenario y Facebook

El lugar de los chicos era la escuela, pero ese viernes el espacio de encuentro, con la autorización de sus padres, fue una plaza. La convocatoria masiva a través de Facebook reveló lo que muchos sabemos: somos una generación de padres obedientes, poco coherentes en relación con la educación de nuestros hijos y alejados de sus formas virtuales de comunicación.

La utilización de las redes sociales ha crecido en los últimos años hasta convertirse en una referencia de comunicación por Internet. Paralelamente, se ha producido un debate social sobre la conveniencia de estas redes, especialmente entre los jóvenes, por sus posibles consecuencias legales o familiares.

"En casa me dejan"

La rápida transformación de los valores familiares durante las últimas décadas ha provocado cambios en los roles paternos, donde los padres exigentes se van desdibujando, y surgen otros excesivamente permisivos. Una generación de padres dóciles, con hijos que se van acostumbrando a no aceptar órdenes ni exigencias.

Hogares que cada vez se asemejan más a hoteles, donde el encuentro es casual (y no siempre a la hora de comer o dormir), donde los padres se preocupan por satisfacer los caprichos de sus hijos y no imponen reglas por temor a que estos se frustren o se enojen con ellos. Algunos piensan que ya sufren bastante por no encontrarlos en casa a causa del trabajo, y este sentimiento de culpa logra convertirlos en siervos de sus propios hijos.

Pero los chicos, con tanto tiempo libre, solos y nacidos entre las nuevas tecnologías, han aprendido a arreglárselas solos. Su compañía es una computadora y amigos virtuales, lo que también los convierte en una generación con grandes dificultades para lo social.

Generación Z: socialmente enredados

La generación silenciosa, iGeneration, generación digital o generación Z, son los chicos que nacieron después de 1990, por lo que no tienen hoy más de 20 años, y representan casi el 18 por ciento de la población del mundo. Sus relaciones sociales vía virtual son la manera en que estos niños conocen gente y se relacionan. Estas comunicaciones se llevan a cabo en Internet, y se observa una pobre capacidad para comunicarse verbalmente con alguien "cara a cara". Son capaces de hacer grandes comunidades y enormes colaboraciones por medio de Internet, pero sin conocer a nadie personalmente.

Las redes sociales, como Facebook, son la primera forma de contacto para relacionarse, no sólo a nivel social, sino también laboral y comercial. Así, cientos de artistas, empresas, corporaciones y organizaciones están conquistando su espacio en estas redes para hacerse visibles a los chicos. Ya se anticipa que, en un futuro muy próximo, los niños de la generación Z conocerán más gente vía Internet que en forma presencial y trasladarán a las redes virtuales gran parte de su vida social y laboral. Su sociedad existe en Internet, donde son libres y pueden expresar sus opiniones.

Actualmente los miembros de la generación Z están en la adolescencia, y los padres tienen dificultades para ejercer cierto control sobre cómo se relacionan sus hijos por Internet. Muchos de estos adultos son apenas inmigrantes en un mundo virtual donde los chicos se sienten como peces en el agua; pero aun así estos necesitan la orientación de los adultos a causa de los peligros que encierra.

Estos niños y jóvenes pueden acceder, en cualquier momento, a cualquier parte del mundo, a cualquier información o dato, solamente haciendo clic. Tampoco necesitan desplazarse a la casa de un amigo o caminar hacia una biblioteca para buscar información, lo que hace que la generación Z sea la que más peligros tiene de sufrir obesidad, diabetes y problemas cardiacos.

Riesgos del uso de las redes sociales

Por lo general, se cita la posible vulneración de datos e información personal, la suplantación de personalidad, el acceso a contenidos inapropiados o el peligro de entrar en contacto con gente deshonesta. Preocupan también la adicción y el uso excesivo de estas redes.

Entre los jóvenes, el desconocimiento de la situación por parte de los padres parece ser la razón de que la mayoría afirme que estos no han tomado ninguna medida cuando han sufrido alguna de estas amenazas.

Facebook en la escuela

Aquellos adultos que no conocen el potencial de las redes sociales, y sólo han escuchado acerca de su parte "oscura", deben saber que es posible integrarlas a las actividades escolares.

Para esto es necesario tener una cuenta de Facebook activa, y no necesariamente nuestra cuenta personal, si deseamos utilizarla con exclusividad para el ámbito educativo.

Trabajo en equipo. Para realizar esta actividades cooperativas, se puede agregar la aplicación *"Study Groups"*, lo que permite hacer que todos los miembros de un equipo de trabajo se pongan en contacto entre sí, ya sea comentando, agregando fechas importantes y archivos.

Presentaciones en Power Point. El *"Slideshare"* es un sistema popular para agregar y compartir presentaciones, características que se han trasladado a Facebook.

Matemáticas en Facebook. Con *"Mathematical"* se pueden crear formulas y distribuirlas para los estudiantes.

Compartiendo libros. *"Books iRead"* es una aplicación que permite compartir libros, criticarlos y ver lo que otros piensan de ellos: ideal para una clase de Lengua, pensando en una biblioteca interactiva.

Información. *"Doresearchme4"* es una aplicación que facilita la obtención de información para realizar trabajos, investigaciones, tesis.

Buscador de temas educativos. *"JSTOR Search"* busca, entre millones de artículos, sólo los que tienen carácter educativo. Se puede agregar al perfil del Facebook para que sea más sencillo el acceso.

Generaciones interactivas

A fines del 2007, se conocieron datos sobre el ya indiscutible crecimiento de Internet, a través de los resultados del estudio *Generaciones interactivas en Latinoamérica*, la mayor investigación sobre el uso de las TIC en niños y adolescentes que se ha hecho hasta la fecha y la primera que integra las distintas tecnologías disponibles para ellos: telefonía celular, Internet, videojuegos y televisión.

El estudio, impulsado por Telefónica y desarrollado por la Universidad de Navarra y EducaRed, encuestó en su primera fase a 21.774 escolares de entre 6 y 18 años, pertenecientes a 160 escuelas de Argentina, Guatemala, Colombia, México, Brasil, Chile, Perú y Venezuela. Estos escolares latinoamericanos entrevistados poseían, en un 95,8 por ciento, al menos una computadora, y un 82,9 por ciento utilizaba Internet en casa; y, a pesar del reinado de la televisión (por tiempo dedicado y por número de televisores en los hogares), eligieron en primer lugar navegar en la Red.

Al ocupar Internet la preferencia de niños y adolescentes, ya no es sólo la televisión la que merece la supervisión responsable de los adultos. Es posible caer en el abuso patológico de las tecnologías y resultar arruinadas relaciones personales y laborales.

La Secretaría de Medios de la Nación reveló sobre el uso que los argentinos hacen de Internet, a través de una noticia difundida por el Grupo Clarín en diciembre de 2007. El título, "Casi la mitad de los argentinos todavía no navegó por Internet", podría aportar poco y hasta confundir si no se analizan los datos. El tamaño de la muestra fue de 3.020 casos de todas las regiones, y si bien un 52,8 por ciento de los encuestados había navegado por Internet, al desagregarse los datos se observa un corte muy claro por edad: sólo el 24,2 por ciento de los mayores de 50 años sabe lo que es un navegador, mientras que el 84,3 por ciento de los chicos de entre 12 y 17 años expresa haber accedido a la Red.

Otro dato revelador en relación con el acceso a Internet fue que un 86,6 por ciento lo hacía desde los cibercafés (también llamados cyber, Internet café, PC café, etc.), dato similar al aportado por otros estudios para América Latina, y que en el caso de Argentina no debería asombrar si sólo el 14,3 por ciento de los hogares tiene conexión a la Red. La magnitud del uso de estos espacios confirmaría la idea acerca de que el usuario de Internet fue mutando, de un perfil de nivel universitario, con conocimientos en informática y mayoritariamente varones, hasta el usuario actual que:

- pertenece a niveles medio-bajos;
- su nivel educacional desciende año a año;
- posee menores conocimientos tecnológicos;
- el 50 por ciento ya son mujeres;
- actualmente se realiza desde lugares públicos de acceso privado (antes del 2000 fue el trabajo, luego el hogar, y actualmente cibercafés/locutorios).

Formar "usuarios responsables"

Lo que ya no se discute es que, en el arranque, tanto de las conductas de exceso como de mal uso de Internet y las redes sociales, se encuentran familias que no asumen sus responsabilidades y abandonan el límite.

Prohibir al niño estar conectado no es la solución. En general, Internet es un bien; como cualquier otro de la nueva modernidad, es un avance tecnológico que admite un buen uso y un mal uso. Pero también se convierte en un gran desafío educativo, en un momento en el que se realizan muchos progresos que no siempre son conducidos con la sabiduría y la prudencia necesarias.

Mientras que los adultos continuemos sorprendiéndonos ante la creatividad de los chicos con las "nuevas pantallas", por desconocimiento de las posibilidades que estas tienen, estaremos en problemas. Los chicos hoy navegan solos porque los capitanes estamos ausentes en ese viaje.

Seguros en las Redes

– No se debe publicar en línea aquella información sobre uno mismo que no se desea difundir indiscriminadamente.

Mucha más gente de la que uno desea puede ver tu información privada. Los sitios pueden agrandar el círculo de amigos y también pueden aumentar su exposición a las personas que tienen intenciones poco amigables.

- Algunos sitios permiten sólo una determinada comunidad de usuarios para acceder el contenido publicado, mientras que otros permiten que cualquiera pueda verlo.

- Piensa en mantener un cierto control sobre la información que publiques. Considera la posibilidad de restringir el acceso a tu página a un selecto grupo de personas; por ejemplo, tus amigos de la escuela, tu club, tu equipo, personas de la comunidad o tu familia.

- No publiques tu número de documento, dirección, número de teléfono, o tu banco y los números de tus tarjetas de crédito, ni información de otras personas. Sé cauteloso cuando publiques datos que puedan ser usados para identificarte o localizarte fuera de línea.

- Recuerda que, una vez puesta la información en línea, no puedes recuperarla. Incluso si se elimina la información de un sitio, existen versiones antiguas en las computadoras de otras personas.

- Considera la posibilidad de no publicar tus fotos. Pueden ser alteradas y difundidas en formas poco felices.

- Coquetear en línea con extraños puede tener graves consecuencias, debido a que algunas personas mienten acerca de quiénes son en realidad.

- Ten cuidado si un nuevo amigo en Internet quiere conocerte en persona. Antes de decidir conocer a alguien, debes investigar. Pregunta si alguno de tus amigos conoce a esa persona.

Si decides reunirte con ella, sé inteligente
al respecto: hazlo en un lugar público, durante el día,
junto con amigos de confianza. Dile a un adulto
o conocido responsable dónde vas,
y cuándo esperas regresar.
– Si te sientes amenazado en línea por alguien o
por algo incómodo, informa a un adulto de confianza,
y comunícalo a la policía y al sitio de la red social.
Podrías estar impidiendo que otra persona
se convierta en una víctima.

Educando a la generación Web

Prevenir la adicción a las nuevas pantallas

Mientras los acusamos de tener mucho tiempo de ocio, los niños y los adolescentes de hoy parecen estar muy ocupados en sus quehaceres tecnológicos, algo que algunos piensan no es malo mientras no dejen de realizar las actividades de la vida cotidiana. Pero ¿los adultos tenemos claro que las nuevas tecnologías, junto con su enorme potencial comunicativo y educativo, también encierran riesgos?

Consumiendo cultura

Recordemos que, en los años 60, la UNESCO generalizó el concepto de "industrias culturales" para referirse a todas las actividades de producción y comercialización, que incluye los siguientes sectores: editorial, artes escénicas, fonográfico, artes visuales, cine, publicidad, video, artesanías, televisión, revistas, radio y prensa. Estas industrias culturales ofrecen objetos y experiencias de consumo a través del mercado, y las incluimos en la vida cotidiana a partir de nuestros gustos y sensibilidades.

Los consumos culturales ocupan un lugar central en la organización del tiempo libre de las personas; estudiando la forma de apropiarnos de la cultura, sobre todo a través de las Tecnologías de la Información y la Comunicación (TIC), comprendemos más acerca de cómo se han alterado y continúan modificándose las formas de ser y convivir.

Las nuevas pantallas

Los medios de comunicación, apoyados por las TIC, buscan optimizar la comunicación humana, pero también sumergen precozmente a niños y adolescentes en un mundo que, reservado hasta no hace mucho con cierta exclusividad a los "mayores", hoy paradójicamente los muestra participando en esferas culturales y sociales que a estos les resultan poco familiares (chats, blogs, redes sociales, buscadores de emociones, Second Life, etc.).

Ni la ciencia ni la tecnología son neutras, y estas nuevas y muy diversas formas de acceso a las llamadas "nuevas pantallas" (videojuegos, Internet y celulares), al ser parte constitutiva de la misma sociedad, no presentan una vida *online* muy distinta de la *offline*.

Consumir en la Galaxia Internet

Internet ocupa un lugar muy importante en el intercambio de información y de conocimientos; pero, según UNESCO, los usuarios de Internet no superan el 5 por ciento de los seres humanos que habitan el planeta. Para aprovechar los beneficios de Internet, se requiere en primer lugar saber leer y escribir, y 1.000 millones de personas todavía son analfabetas (dos tercios son mujeres). Para poder desarrollarse, Internet necesita electricidad, y la tercera parte de la humanidad no la tiene, de la misma forma en que es imprescindible para conectarse contar con una línea telefónica, y la mitad de la humanidad no tiene teléfono. En definitiva, Internet sólo va a beneficiar a los países que disfrutaron de la anterior revolución tecnológica, que les proporcionó las infraestructuras.

No olvidemos que el ciberespacio que hoy navegamos no nace por razones filantrópicas, sino como un negocio, y es así como continúa evolucionando en términos generales. Se hacen cada vez más notorias las disputas por el control de las redes entre las compañías de telecomunicaciones, la fusión de los macro-servidores, la defensa de las patentes privadas, el hostigamiento contra el software libre, etc., y esto es así porque los poderes económicos transnacionales saben que cada vez obtendrán más ganancias.

La generación-I

Hace varios años que Microsoft habla de "generación-I" o "generación Internet", en la que incluye a los niños nacidos a partir de 1994, que se caracterizan, según los autores de un estudio realizado por Yahoo (2004), por ser adolescentes:

- motivados por lo digital,
- más consumidores de Internet que de televisión,
- que se sienten ciudadanos del mundo,
- absortos en sí mismos, para quienes el tiempo es algo que el dinero no puede comprar,
- obsesionados con las marcas,
- creadores de tendencias,
- que les gusta estar conectados en cualquier momento,
- entre quienes parece imponerse la cultura de "hazlo tú mismo".

Los adolescentes serían los consumidores más frecuentes de Internet y, si bien esta es de gran utilidad para la educación, la utilizan generalmente para el chateo, la mensajería electrónica, los juegos en línea, los blogs, los fotologs y la navegación en páginas pornográficas, entre otras.

Aunque los niños y los adolescentes conocen cuáles son los riesgos potenciales en línea y las precauciones que deben tomar *(Encuesta Cualitativa de Eurobarómetro 2007)*, la mayoría prefiere intentar resolver por sí mismos o con amigos los problemas que se presentan, y sólo hablaría con los padres como último recurso, en los casos más graves.

En Argentina, según el estudio exploratorio sobre el control de menores en el uso de Internet realizado por Prince & Cooke, el 83 por ciento de los niños de entre 7 y 14 años accede a Internet sin el control de sus padres, quienes por lo general se sienten *"incapaces de involucrarse en lo que hacen y, por lo tanto, muchas veces confiados de que están estudiando o haciendo sus deberes"*. Esta lejanía de los padres lleva, en numerosas oportunidades, a que sus hijos pasen del uso al abuso.

Los ciberenredados

Sabemos que el cerebro del adolescente es especialmente vulnerable y proclive a los excesos, debido a que las regiones que controlan los impulsos y la motivación no están totalmente formadas en esas edades tempranas. Si a esto le sumamos una sociedad que no forma en el esfuerzo y la responsabilidad, como sucede ante cualquier abuso, también se puede quedar atrapado en la Red.

Por ser Internet una herramienta relativamente nueva, las conductas patológicas relacionadas con ella son las últimas en agregarse a la lista de las ya conocidas. Se ha manifestado en casi todos los países (hasta hace poco, sólo se incluía entre las "adicciones sin sustancia" la adicción al juego) y actualmente se la denomina "síndrome de adicción a Internet" (IAD) o "Trastorno Adictivo a Internet" (TAI); quienes lo denuncian calculan que lo padece entre el 6 y el 10 por ciento de los cerca de 190 millones de usuarios en Estados Unidos, y están en riesgo de sufrirlo el 30 por ciento de los menores de 18 años en Corea del Sur, un país donde el 90 por ciento de las casas está conectada a la Red.

Enfermar jugando

Conocemos historias sobre jóvenes surcoreanos muertos después de jugar *online* durante horas. Un varón de 28 años murió, en 2005, después de pasar casi 50 horas seguidas en un cibercafé, jugando a Starcraft y World of Warcraft. Las noticias de entonces mencionaban que lo habían despedido de su trabajo por no acudir, debido a su afición desmedida por los videojuegos.

Un adolescente adicto a estos juegos reconocía: *"Estaba tenso, angustiado, ansioso hasta que conseguía empezar una nueva partida... Muchas madrugadas terminaba con ganas de llorar, incluso me llegué a abofetear a mí mismo varias veces"*.

Con más de 54 millones de entradas en Google, World of Warcraft (cuya traducción es algo así como "el mundo del arte de la guerra") es un juego multijugador masivo en línea, en el que están registradas más de once millones de personas en todo el mundo. En este tipo de juegos, el usuario crea un avatar (personaje virtual) con el que participa en aventuras, y combates, y obtiene recompensas.

¿Afición o adicción?

Según algunos investigadores, en Argentina estar "colgados" al teléfono celular o Internet ya no es un hecho aislado. Se calcula que el 12 por ciento de los adolescentes abusa de estas tecnologías y no sabemos aún cuántos de ellos terminarán convirtiéndose en casos patológicos. Las consecuencias no distan mucho de la esclavitud de las drogas: fracaso escolar y social, alteraciones de la conducta y encierro progresivo en sí mismo.

Pero considerar el riesgo de caer en una adicción no es unánime. Vaughan Bell, psicólogo clínico del Instituto de Psiquiatría de Londres, en su trabajo "¿Es la Internet buena para nuestra salud mental?" (2007), defendió la idea de que es imposible ser adicto a Internet, por las mismas causas por las que no podemos ser adictos al lenguaje, al periódico o a la radio. Sostiene que, al ser Internet un medio de comunicación y no una actividad, no puede ser ni bueno ni malo para la salud mental, y debería apuntarse más a distintos problemas subyacentes, como la soledad, la falta de sociabilidad, la ansiedad, las conductas obsesivas, etc. Otros, como el doctor Leonard Holmes, pionero de la ciberterapia, se preguntan cómo se puede hablar de un uso patológico de Internet si aún no sabemos a qué llamamos un "uso normal"; más todavía cuando dentro de unos años todos estaremos conectados a Internet como hoy lo hacemos frente a la televisión.

En síntesis, para algunos investigadores, los trastornos del control de impulsos (como el juego patológico) o los trastornos de la conducta alimentaria pertenecen a categorías diagnósticas diferentes de la de los trastornos relacionados con sustancias. Cada vez sabemos más acerca del lugar que ocupa la biología del cerebro humano y de su relación con las conductas abusivas. Al jugar en línea o al chatear, se realizan actividades agradables que hacen producir al organismo narcóticos endógenos, sustancias altamente adictivas, como la dopamina (relacionada con los circuitos de recompensa), la noradrenalina (relacionada con la excitación) y la endorfinas (también conocidas como "hormonas de la felicidad").

El desafío para muchos investigadores es la generación de una cultura adictiva que afecta a todos los niveles sociales, y las acciones no deberían seguir restringiéndose exclusivamente a las toxicomanías, como si fueran el único problema. Está claro que las drogas son un problema social en todo el mundo pero, si la lucha contra la droga tiene poco éxito, es porque no se abordan los factores existenciales de las personas. Las conductas adictivas y las adicciones en general son un anestésico para la fatiga de vivir, un intento por huir de la realidad.

José Luis Cañas, catedrático de la Universidad Complutense de Madrid, insiste en que la conducta adictiva es el síntoma de un profundo vacío existencial previo y defiende el concepto de las adicciones sin consumo de drogas.

Lo que ya pocos discuten es que, en el origen tanto de las conductas de exceso como de las adicciones, se encuentran familias que no asumen sus responsabilidades y abandonan la cercanía afectiva. Desconectar al niño no es la solución, pero la falta de asistencia, en momentos en que Internet se ha convertido en un paraíso sin ley, es equivalente a abandonarlo en la calle durante una noche oscura.

En general, Internet es un bien, como lo son la imprenta, el teléfono y la televisión; es un avance tecnológico que admite un buen uso y un mal uso, un uso experto y un uso inexperto. Es también un gran desafío educativo, en una época en la que se realizan muchos progresos que no siempre van acompañados de la sabiduría y la prudencia necesarias. Cuando estos adelantos se gobiernan adecuadamente, pueden generar un bien para toda la sociedad. En caso contrario, acaban favoreciendo su corrupción y su empobrecimiento.

Ciberadicción

Kietkik describe cinco tipos de adicción a la Red: al cibersexo, con dos subtipos (ciberpornografía y chat erótico); la adicción a priorizar a los amigos del chat por sobre los de la vida real; la ciberludopatía, o sea adicción a las compras, a los casinos virtuales o a los juegos interactivos, entre otros; la "infoxicación", que se produce cuando se recibe más información de la que se puede procesar, y la adicción a la computadora, que se da con juegos especialmente diseñados para desarrollar conductas a-dictivas.

Un ciberadicto presenta ciertos síntomas, según el psiquiatra norteamericano Iván Goldberg, uno de los primeros (1995) en describir el IAD: cambios drásticos en los hábitos de vida, disminución generalizada de la actividad física, privación de sueño o cambios en los patrones de este, rechazar actividades fuera de la navegación, y negligencia respecto del trabajo y las obligaciones personales. Todo, con el fin de tener más tiempo para conectarse.

Se han establecido ciertas señales de alarma que indican una situación anómala:

• Necesidad de incrementar notablemente la cantidad de tiempo en Internet para lograr satisfacción.
• Agitación psicomotora.
• Ansiedad y aislamiento.
• Pensamientos obsesivos acerca de lo que estará sucediendo en Internet.
• Fantasías o sueños acerca de Internet.
• Movimientos de tecleo voluntarios o involuntarios.
• Abandono de los deberes escolares o profesionales.
• Malestar o deterioro en las diferentes áreas: social, escolar, laboral, familiar u otra importante.
• Acceso a Internet con más frecuencia o por períodos más largos de lo que inicialmente se pretendía.

- Deseo persistente o esfuerzos infructuosos de controlar o interrumpir el uso de Internet.
- Dedicación de mucho tiempo a actividades relacionadas con el uso de Internet (comprar libros sobre la Red, probar nuevos navegadores, indagar sobre proveedores, descargar material relacionado, etc.).
- Alejamiento o reducción de actividades sociales, ocupacionales, recreativas, a causa del uso de Internet.
- Disminución en el tiempo de sueño nocturno.
- Dificultades familiares.
- Impuntualidad para llegar a las citas acordadas.
- Sentimientos de abandono de personas significativas.

Adicción al celular: Nomofobia

Los expertos dicen que la nomofobia (abreviatura de la expresión inglesa *no-mobile-phone phobia*) es un miedo irracional a no llevar el celular encima y que podría afectar a más del 50 por ciento de los usuarios de teléfonos móviles. Una investigación organizada por la Oficina de Correos del Reino Unido (2008) mostró que un 48 por ciento de las mujeres y el 58 por ciento de los hombres encuestados experimentaban sentimientos de ansiedad cuando se quedaban sin batería o crédito, perdían su teléfono o no tenían red de cobertura.

Según otro estudio realizado por el Departamento de Personalidad, Evaluación y Tratamiento Psicológico de la Universidad de Granada durante 2011, el 8 por ciento de los estudiantes universitarios españoles sufre nomofobia. Estos adictos a la telefonía móvil pueden presentar algunas características de personalidad comunes, como problemas con la aceptación del propio cuerpo y déficit en habilidades sociales y en resolución de conflictos. Por lo general, se aburren más a la hora de realizar actividades de ocio, son más extrovertidos, buscan más sensaciones nuevas que los no adictos, aunque poseen una autoestima inferior a éstos.

Al diagnosticar la nomofobia, se debe tener en cuenta la historia clínica de la persona, ya que el haber sufrido trastornos afectivos, ansiedad y abuso de sustancias influye en la presencia de este miedo.

Tratamiento general de las tecnoadicciones

Uno de los principios en el que se fundamentan la prevención y el tratamiento de las adicciones es que el problema no está en la droga sino en la persona, y muchas veces favorecido por su entorno próximo. Independientemente de la droga que consuma o la adicción que presente, es el síntoma de un malestar mayor, individual y social.

El tratamiento se adecua a cada persona, ya que, utilizando una dinámica grupal (con su propia familia, con otras personas afectadas y con amigos/as), se hace un seguimiento individualizado. Posteriormente se realiza un tratamiento integral, con las áreas personal, familiar, social y académica, poniendo énfasis en las dificultades concretas que aparecen en cada caso.

Orientaciones

1. Realizar actividades que requieran movimiento y esfuerzo todos los días; el fin es estar ocupados y permanecer menos tiempo enganchados a Internet o al celular.
2. Elaborar un horario en que se incluyan las horas para utilizar Internet; lo normal, sería dedicar, como mucho, 2 horas al día. Esta técnica exige responsabilidad y disciplina; por ese motivo es importante el apoyo de la familia.
3. Ver cómo coordinar la vida social con los hábitos tecnológicos, de manera que se evite el aislamiento.

4. Motivar al niño o al adolescente a hacer cosas o actividades que le resulten placenteras y enriquecedoras.
5. Controlar el contenido de Internet y las facturas del teléfono.
6. Ante carencias afectivas, Internet favorece el hecho de poder relacionarse sin una presencia física. Pero somos seres sociales y necesitamos el contacto físico para tener una buena calidad de vida.
7. Deben disfrutar de sus pasatiempos, pero también deben ser conscientes de no vivir para sus pasatiempos.
8. Acudir a un especialista cuando se den síntomas como aislamiento, soledad, irritabilidad, engaño.
9. Interésese activamente en las actividades de su hijo después de clases. Haga un esfuerzo para que el tiempo que pueda compartir con él sea lo más agradable y educativo posible.
10. Advertirles claramente a los niños sobre el potencial peligro de los contactos y las relaciones en la Internet, mientras juegan en línea.
11. En relación con los celulares, se recomienda a los padres evitar que los hijos tengan conexión a la red desde su habitación y establecer horarios para un uso correcto de ésta o cualquier otra tecnología. Definir los distintos momentos, ya que así como la noche es para dormir, o el almuerzo para comer, el celular debería estar apagado en estas oportunidades.

La nueva Internet

Dicen los expertos que la Internet que viene cambiará aun más la vida de la gente. Será más amigable, interactiva y fácil de usar que la actual, porque entenderá el lenguaje corriente de las personas. Estará en la PC, la heladera, el celular, la tele y el centro musical.

Cuestionario de aproximación diagnóstica

1. ¿Se siente preocupado con Internet
   (piensa acerca de la última conexión o anticipa
   la próxima sesión)?
2. ¿Siente la necesidad de incrementar
   la cantidad de tiempo de uso de Internet para
   lograr satisfacción?
3. ¿Ha hecho repetidamente esfuerzos
   ineficaces para controlar, reducir o detener
   el uso de Internet?
4. ¿Se ha sentido inquieto, malhumorado,
   deprimido o irritable cuando ha intentado reducir
   o detener el uso de Internet?
5. ¿Se queda más tiempo conectado
   de lo que inicialmente había pensado?
6. ¿Ha perdido o puesto en peligro alguna relación
   significativa, trabajo, oportunidad educativa
   o profesional debido al uso de Internet?
7. ¿Ha mentido a los miembros de su familia,
   u otras personas, para ocultar su grado
   de implicación con Internet?
8. ¿Usa Internet como un medio de evadirse
   de los problemas o de aliviar un estado de ánimo?
9. ¿Tiene más amigos cibernéticos (virtuales)
   que reales? ¿Dejó de verse con sus
   amigos de siempre?
10. ¿Tiene problemas para dormir o ha alterado
    sus hábitos alimentarios debido
    al uso de Internet?

Según estos criterios, se considera adicto si responde afirmativamente a 5 o más de los ítems anteriores; no obstante, esto se tendrá que acompañar de un estudio psicológico, hecho a profundidad, que confirme la información.

Los ciberhuérfanos

Chicos solos en Internet y sin brújula

Internet presenta luces y sombras que no debemos desconocer. Hoy los adultos necesitamos poder orientar responsablemente a los chicos en su navegación por la Red, en todo momento, y especialmente en el período de vacaciones, cuando se incrementa el tiempo de ocio.

Imaginemos dos escenas. En la primera, papá y mamá están con sus hijos, María de 12 años y José de 8. Juntos caminan por la iluminada ciudad, observando las distintas vidrieras. En un momento, los dos niños se separan de sus papás y comienzan a vagar por otras calles más solitarias y oscuras. Dándose cuenta del alejamiento de sus hijos, los padres los buscan y finalmente reprenden: *"No es prudente caminar por calles que no conocen y en las cuales pueden encontrarse con extraños peligrosos"*. La segunda escena en casa, con estos mismos niños conectados a Internet, navegando durante horas, sin rumbo y sin padres a la vista.

Hoy se puede observar que navegar en Internet es para los chicos una experiencia solitaria, y que existe en los padres una visión ingenua sobre sus hijos, para quienes pareciera que la virtualidad es la que los protege de las amenazas del mundo real.

Para que los padres puedan promover con eficacia el uso seguro de Internet en casa, deberían tener un buen conocimiento de las redes y sus posibilidades. Sin embargo, los estudios indican un alto grado de desconocimiento, por parte de los adultos, sobre las verdaderas amenazas a las que sus hijos están expuestos. A la hora de preguntarles, sólo mencionan superficialmente el temor al aislamiento, y en menor grado la pornografía, desconociendo la pedofilia, las consecuencias de la exposición excesiva a publicidad mal intencionada, y careciendo de la información necesaria sobre los mecanismos de protección técnicos y legales.

Internet es una puerta a barrios conocidos y barrios peligrosos; a lugares donde los chicos interactúan con amigos y también con gente extraña. Es por esto por lo que tenemos que ayudarlos a desarrollar hábitos claros de uso de Internet. Los niños, en muchas ocasiones, están técnicamente más avanzados que los padres, tienen los conocimientos técnicos suficientes; pero no tienen la experiencia que se requiere para protegerse a sí mismos cuando están conectados.

La prevención no pasa por negarles todo acceso a Internet. Lo importante es establecer pautas educativas claras para proteger las interacciones, y restaurar la confianza para poder disfrutar de las posibilidades que brinda este universo virtual.

Todos a navegar

Internet transformó el mundo de tal forma, que hoy tomamos el acceso a la Web como un indicador de calidad de vida en una sociedad que definimos como de la información y la comunicación. Pero su acceso ya no es privativo de determinados sectores sociales. El mapa de la conectividad pública de Argentina, según un estudio de la Universidad de Washington, que se realizó en 25 países emergentes, muestra que funcionan unos *18.000 cibers* que permiten a 5,5 millones de argentinos acceder a Internet, *1.330 bibliotecas populares con conexión a Internet, y 364 espacios de acceso en organizaciones civiles sin fines de lucro.*

Según un informe previo, uno de los aspectos más notables es el uso de cibercafés por usuarios de bajos ingresos, incluyendo niños, y adolescentes en situación de calle y habitantes de barrios carenciados; pero también por aquellos niños y adolescentes que poseen conexión en su casa y no desean ser controlados.

Los datos preliminares para Argentina indican que se encuentra en un estadio intermedio en relación con el acceso, la capacidad y el ambiente para el uso de nuevas TIC. Esto quiere decir que, a la hora de calificar los obstáculos y las oportunidades de acceso público a la información, Argentina se encuentra en el mismo nivel que países como Colombia, Ecuador y Perú, y por debajo de Brasil y Costa Rica.

El ciberacoso escolar

El 10 de febrero fue instaurado como el "Día de Internet Seguro" a nivel mundial, y para el año 2009 el tema seleccionado fue el ciberacoso escolar (*ciberbullyng*), una forma de violencia que sufren los niños y los adolescentes que consiste en situaciones de hostigamiento e intimidación a través de Internet o el celular. Ese día, 56 organizaciones en el mundo desarrollaron actividades con el fin de sensibilizar a la población en el uso responsable de las nuevas TIC.

Un estudio en el Reino Unido, sobre 600 jóvenes de 12 a 15 años y sus padres, aporta datos relevantes, ya que un 44 por ciento afirma conocer a alguien que ha sufrido hostigamiento a través de la Web, y un 48 por ciento de los padres reconoció que desconocía hasta ahora la existencia del acoso *online*. Un 74 por ciento de los adolescentes afectados no lo había comunicado, porque tenía miedo de que sus padres, al enterarse, les impidieran utilizar Internet.

En España, las cifras también son preocupantes, ya que, según una encuesta de la asociación Protégeles, aplicada a 2.000 jóvenes españoles de entre 11 y 17 años, un 19 por ciento había enviado algún mensaje intimidatorio al celular.

En Argentina, un estudio realizado por el Observatorio de la Convivencia Escolar (UCA, 2011) reveló que casi un 20 por ciento de los alumnos encuestados había sufrido actos de violencia a través de las nuevas pantallas (celulares, PC), y un 10 por ciento reconoció haberlo realizado.

Un fenómeno que está preocupando mucho en la actualidad es el de suplantación de identidad a través de las redes sociales. Facebook, que posee en América Latina más de 40 millones de miembros, y muestra a la Argentina liderando las cifras, con más de 7 millones de usuarios, es el espacio perfecto para obtener la fotografía de una persona, información sobre ella y crear una página, para que, haciéndose pasar por ella, sus amigos comiencen a establecer comunicación. Se han descubierto también alumnos que armaban un perfil falso de la víctima, a la que hacían aparecer insultando a otros compañeros de escuela. Al otro día, la víctima era agredida por aquellos que ese "yo falso" había insultado.

En varios Estados europeos, se comienza a prohibir a los alumnos tomar fotos o grabar videos dentro de la escuela. Algunos han llegado a permitir a la dirección expulsar al alumno que utilice estas fotos y videos para abusar de un compañero. Esta es la sanción más severa, mientras que hay otros países que proponen tareas educativas, suspensión de varios días, etc. Lo cierto es que la mayoría de los directivos encuentran muchas veces en los propios padres el principal obstáculo para limitar el uso de los celulares u otros dispositivos en la escuela.

Las normas de disciplina y convivencia deben incluir estas nuevas formas de maltrato y violencia. Junto con el límite y la sanción, para que realmente sean "correctivas", las normas deben ser trabajadas mostrando el valor que protegen. Por lo general, los chicos no miden el daño que pueden provocar con estos actos, y por esto limitar sin explicar el motivo incita, en chicos trasgresores, el desafío a superar reglas que importan sólo "al adulto".

En aquellos lugares que se han visto desbordados por esta nueva forma de ejecutar agresiones (por ejemplo, en muchos estados de Norteamérica), la persecución a la ciberviolencia ha quebrado la delgada línea que protege la privacidad individual. Algunos contratos educativos, desde los primeros años de la educación primaria de este país, ya indican: *"El colegio podrá observar todo el uso de la computadora; los estudiantes no tienen que suponer que cualquier cosa que hagan en la red es privado"*.

En realidad, esto es muy difícil de realizar si no se cuenta con la ayuda de las empresas informáticas. De la misma forma, si no existe un consenso social sobre este tema, es muy difícil esperar soluciones. Esto se ve en aquellos adultos que se han alzado contra este tipo de medidas, ya que consideran que el hecho de que dos adolescentes se digan cosas repugnantes forma parte del "proceso de crecimiento".

Actualmente, muchos programadores dicen estar desarrollando programas que detectan insultos y otras amenazas. Creemos que será necesario algo más para evitar el desafío que implica la ciberviolencia. En nuestro caso, estamos convencidos de que las estrategias deberán ser educativas, y consensuadas entre la familia y la escuela.

¿Online = offline?

Los defensores de Internet dicen con sarcasmo que es un demonio, un lugar peligroso en el que te pueden humillar, robar la identidad o el dinero... como en cualquier otro lugar. Los peligros que puede representar: son exactamente los mismos a los que nos enfrentamos en la vida *offline*; o dicho de otra manera: si el mundo es malo, la Red será mala... Y, si nadie nos prohíbe pasear por el mundo, pese a sus peligros, ¿por qué Internet sería diferente?

En general, cada vez más se acepta la idea de que el problema principal radica en el anonimato que invade la vida *online* y que nos lleva a mostrar nuestra cara más desagradable, a "sacar el monstruo" que todos llevamos dentro. Por eso, muchas empresas cada vez son más exigentes e impiden el acceso a sus servicios a aquellos usuarios que no estén identificados: *"Cuando saben quiénes somos, nos portamos mejor"*.

Hoy se calcula que un 50 por ciento de los padres sabe que sus hijos tienen acceso a Internet, pero sólo el 20 por ciento ha establecido normas para asegurarse de que los chicos hagan un buen uso de este recurso. Es la televisión la que aparece como el medio que más preocupa a los padres, y para ella sí se aseguran de imponer normas sobre el tiempo y la programación.

Por lo general, los padres suelen coincidir en las normas por las cuales prohíben visitar ciertas páginas de Internet o limitan navegar demasiadas horas por la Red, pero hoy queda claro que del mismo modo deberían enseñar a sus hijos los riesgos que puede implicar el uso de Internet (enviar datos personales, concurrir a citas, etc.).

Consejos contra la ciberviolencia

• No respondas a los mensajes intimidatorios. El remitente quiere una respuesta, así que no le des esa satisfacción. Guarda el mensaje como prueba e informa a un adulto sobre ello.
• Recuerda: el acoso nunca es tu culpa; puede detenerse y, habitualmente, ser rastreado.
• No ignores el acoso, cuéntaselo a alguien de tu confianza, como tus padres o un profesor, o llama a una línea de ayuda. Mantente en calma. Si tienes miedo, trata de mostrarlo lo menos posible. No te preocupes; eso sólo animaría a quien te acosa a seguir haciéndolo
• En el caso de mensajes de texto o de video a través del celular, desactiva si es posible la recepción de mensajes o incluso apaga del todo el teléfono durante un par de días. Esto puede hacer creer al remitente que el destinatario ha cambiado de número.

- Si siguen llegando esos SMS (mensajes de texto), lo mejor sería cambiar de número, poniéndose en contacto con los proveedores de telefonía celular, que han abierto servicios de ayuda para estos casos. En esta situación, nunca hay que contestar los mensajes, y sería preferible no leerlos siquiera, pero hay que guardarlos para presentarlos como pruebas, ya que el hostigamiento es un delito que debe ser abordado por la Policía.
- Si el acoso se presenta en forma de llamadas telefónicas, tanto con voz como silenciosas, conviene no colgar de modo inmediato el teléfono, sino dejarlo a un lado y alejarse unos minutos para luego cerrar la comunicación. Ese procedimiento normalmente aburre al que llama, al no obtener respuesta.
- Nunca hay que dar detalles personales, como el número de teléfono, a desconocidos, ni dejar el celular solo, fuera del alcance del propio control. Cuando se responde a una llamada, es mejor decir "hola" y no dar el nombre de quien la recibe. Si la voz pide confirmar el número de teléfono, primero hay que preguntar a qué número está llamando y luego responder si ha llamado bien o se ha equivocado.
- Si el número desde el que se llama y que aparece en la pantalla del celular no corresponde a nadie conocido, lo mejor es no responder y que el mensaje se desvíe al buzón de voz. Nunca hay que responder a esos mensajes y conviene guardarlos para futuras investigaciones, pues hoy casi todas las llamadas pueden ser rastreadas.
- Tampoco es bueno que el nombre salga en el contestador. En caso de acoso, una medida disuasoria es que un adulto grabe el mensaje del contestador, lo que desconcierta a quien llama.
- Proceder de la misma forma con los correos electrónicos abusivos, que igualmente no deben responderse y sí guardarse como evidencia. Si uno contesta a desconocidos, simplemente se está confirmando como real la propia dirección. En los chats, es conveniente utilizar seudónimos, evitar ofrecer fotografías de uno mismo y retirarse de la charla si es incómoda.

Orientaciones generales

- *Es necesario que los padres aprendan a utilizar la computadora.* De este modo y hasta cierta edad, se conectan con su hijo, y este aprende a disfrutar de Internet junto a sus padres.
- *Fomentar el diálogo sobre hábitos de navegación y sus riesgos.* Es importante que el chico sienta que, cuando le suceda algo extraño, podrá decírselo a sus padres sin sentirse culpable. Esto ayuda a mantener un espíritu crítico sobre la información que aparece en la Red, y permite explicarle que no todos los sitios tienen la misma credibilidad.
- *Acordar normas de uso claras.* Es particularmente bueno que los niños tengan reglas claras sobre lo que pueden o no hacer, y conocer sus consecuencias, especialmente respecto del tiempo de uso, que debe ser "generoso" pero debe establecerse concretamente (de día y no de noche, su uso entre semana, etc.).
- *Es una buena ayuda utilizar filtros de control de acceso a la red.* Así se evitará que accedan a paginas de contenido inapropiado (adulto, violento, xenófobo, etc.).
- *Es necesario colocar la computadora en una zona de uso común.* Esto facilitará la supervisión tanto del tiempo de uso (para controlar la ciberadicción) como de situaciones que puedan incomodarlos; por ejemplo, para evitar el ciberacoso cuando utilizan la webcam.
- *Enseñarles en qué consiste la privacidad.* Explicarles que los datos personales son información sensible y que puede ser utilizada en su contra, con ejemplos de la vida cotidiana; por ejemplo, que ellos nunca darían las llaves de casa a un desconocido o casos similares.
- *Explicarles que en la Red también hay que respetar a los demás.* Que entiendan que detrás de un apodo *(nick)* hay personas y que también hay que ser educado con ellas.
- *Disfrutar Internet con sus hijos.* Implicarse en la vida en línea de su hijo es siempre el mejor seguro que puede tener para su protección. La estrategia más segura es dedicar un tiempo cada día

o cada semana para hacer actividades en línea juntos. Aprender junto a su hijo qué cosas divertidas puede hacer, y al mismo tiempo de qué otras cosas mantenerse alejado, lo hará su compañero en esta experiencia, en vez de un controlador desconfiado. *La mejor protección para su hijo es siempre usted.*

Guías para promover una navegación segura y responsable

• Guía de navegación e interacción responsables en Internet, para usar en el nivel primario: http://www.chicos.net/internet segura/pdfs/manual_internet_ segura.pdf.
• Guía de ayuda para familias sobre el uso y las prestaciones de los teléfonos móviles, Internet y televisión: http://chaval. red.es/docs/guia_de_padres.pdf.
• *Internet smart* o uso inteligente de Internet. Cómo proteger a sus hijos en el mundo digital: http://www.powertolearn.com/ internet_smarts/Internet_Smarts_notice_spanish.html.
• Violencia contra los niños en el ciberespacio: http://www. ecpat.net/EI/Publications/ICT/Cyberspace_SPA.pdf.
• Guía de seguridad en el Internet: http://www.cyberangels. org/docs/cybersafetyguide_spanish.pdf.
• Guía de menores en Internet para padres y madres: http:// www.inteco.es/extfrontinteco/img/File/intecocert/Proteccion/ menores/guiapadresymadres.pdf.
• Menores en la Red: http://www.pandasecurity.com/spain/ about/social-responsibility/children-internet.
• Navegación segura: http://navegacion-segura.red.es.
• Los menores en la Red: comportamiento y navegación segura. http://www.fundacionauna.com/documentos/analisis/ cuadernos/los_menores_red.pdf.
• Interernetsegura.net: http://www.internetsegura.net.
• Niños e Internet: http://www.pandasoftware.es/about/ resp_social/children_internet/?sitepanda=particulares

- Protección para tus hijos, confianza en línea para todos: http://www.internautas.org/html/5335.html.
- Seguridad en la Red: http://www.seguridadenlared.org/menores.

Celulares en las escuelas

Expulsados

Desde sus inicios, la telefonía móvil ha sido prohibida en la escuela o su ingreso ha sido regulado, en un intento por evitar que se convirtiera en un dispositivo para la distracción, la indisciplina o, concretamente, la ciberviolencia. Actualmente, si bien el debate continúa inclinándose a favor de su expulsión, van surgiendo distintas experiencias que buscan integrarla de manera inteligente a las aulas.

"Que los niños son el futuro de la sociedad es una asunción ya generalizada. Sin embargo, cuando hablamos de la Sociedad de la Información, los niños, los menores, no sólo son el futuro, sino esencialmente el presente" (La generación interactiva en Argentina, abril de 2010).

En momentos en que se produce un fuerte debate acerca de la decisión de la Comisión de Medio Ambiente del Consejo de Europa, de prohibir todos los teléfonos móviles y sistemas wifi de las escuelas ante la posibilidad de que provoquen problemas de salud, en la Argentina la discusión sobre el celular pasa por otro lado: alumnos que lo utilizan durante el desarrollo de las clases, escuelas que sancionan estas conductas, padres que no aceptan la pena, jueces que intervienen.

En distintas oportunidades hemos hablado del celular y su mala relación con la escuela. Inicialmente se lo acusaba de distraer, molestar a los demás y restar eficacia a la enseñanza a través de los ahora (según los mismos estudiantes) obsoletos mensajes de texto. Pero fue superándose, y hoy, a través del teléfono móvil, se puede además fotografiar, filmar, editar, jugar, navegar en Internet, enviar y recibir e-mails, comunicarse con la red social favorita, escuchar música o la radio; todo lo cual plantea nuevos y complejos desafíos escolares.

Su protagonismo también está asociado a la violencia, más concretamente a la ciberviolencia, y es justamente este uno de los motivos por el que distintas iniciativas en todo el mundo han profundizado aun más la intención de prohibirlo totalmente o regularlo en las instituciones educativas. Pero, una vez construidas las normas para excluirlo o controlarlo, se debe trabajar para que estas se cumplan, lo que implica una tarea de control permanente de la gestión escolar.

Así, tanto Internet como el celular ocupan con frecuencia espacios importantes en la prensa, donde se mencionan casos concretos sobre el mal uso que hacen algunos niños y adolescentes de estas "nuevas pantallas". Sin embargo, las acciones para enfrentar estas ciberconductas se han mostrado insuficientes o poco pertinentes; pero, sobre todo, se pueden observar ausencia de consensos y una notoria incoherencia de los adultos frente a valores y normas que se deben priorizar en el uso de las Tecnologías de la Información y la Comunicación (TIC). Si a esto, que no es poco, le sumamos padres que no comprenden el valor del límite, convirtiéndose en cómplices de un niño que los necesita sensatos y cercanos, esta generación Web continuará aprendiendo por ensayo y error, en momentos de su desarrollo personal y social en los que no es recomendable que viaje sola por el ciberespacio.

¿Celufobia?

Como tantos proyectos, recursos, estrategias y actitudes que ingresan a una escuela del siglo XIX que aspira a convertirse en

2.0, siempre se corre el riesgo de que la novedad sea percibida como un "cuerpo extraño". En el caso de las TIC, la necesidad de integrarlas a la educación ya tiene un consenso generalizado; más aun cuando se hace referencia a computadoras e Internet. Pero acordar la inclusión de otros dispositivos, como la telefonía móvil, no es una tarea sencilla.

La discusión para muchos pasa entonces por definir si, en el caso de los celulares, es pertinente integrarlos a la formación de los alumnos como un "útil escolar", o todo lo contrario, si se deben excluir de la escuela porque alteran el clima necesario para enseñar y aprender.

Nacimiento y desarrollo del celular

En el año 1973, el doctor Martin Cooper, siendo gerente general de Sistemas de Motorola, realizó una llamada a sus competidores de AT&T desde su celular, transformándose en la primera persona en hacerlo; hoy es reconocido como "padre de la telefonía celular". Tuvieron que pasar 6 años más para que aparecieran en Japón los primeros sistemas comerciales.

En 1981, en Estados Unidos, la entidad reguladora de ese país adoptó reglas para la creación de un servicio comercial de telefonía móvil; gracias a eso, en 1983 se puso en operación el primer sistema comercial, en la ciudad de Chicago. Con este punto de partida, en varios países se difundió el celular como una alternativa a la telefonía convencional inalámbrica. Al alcanzar gran aceptación, los servicios comenzaron a saturarse, por lo que hubo que desarrollar otras formas de acceso y transformar los sistemas analógicos a digitales.

Para separar sus etapas, la telefonía celular se ha caracterizado por contar con diferentes generaciones.

Generaciones de la telefonía móvil

- **Primera generación (1G)**
La 1G de la telefonía móvil hizo su aparición en 1979 y se caracterizó por ser analógica y estrictamente para voz. La calidad de los enlaces era muy baja, tenían baja velocidad (Mobile Phone System).

- **Segunda generación (2G)**
La 2G arribó hasta 1990 y, a diferencia de la primera, se caracterizó por ser digital. El sistema 2G utiliza protocolos de codificación más sofisticados y se emplea en los sistemas de telefonía celular actuales. Los protocolos empleados en los sistemas 2G soportan velocidades de información más altas por voz, pero son limitados en la comunicación de datos.

- **Tercera generación (3G)**
La 3G se caracteriza por contener la convergencia de voz y datos con acceso inalámbrico a Internet. Los protocolos empleados en los sistemas 3G soportan altas velocidades de información y están enfocados a aplicaciones más allá de la voz, como audio (mp3), video en movimiento, videoconferencia y acceso rápido a Internet.

- **Cuarta Generación (4G): el futuro**
La generación 4G será la evolución tecnológica que ofrecerá al usuario de telefonía móvil un mayor ancho de banda, que permitirá, entre otras cosas, la recepción de TV en alta definición (HD).

Cronología del romance adolescente-celular

Al mismo tiempo que los celulares se reproducían y poblaban el planeta, los adolescentes primero, y luego los niños, los adoptaron con naturalidad y eligieron cómo usarlos.

Fines de los 90.
El uso que los adolescentes hacían del celular en estos años solía limitarse a recibir llamadas de sus padres para localizarlos. Comunicarse entre ellos era poco frecuente, ya que no todos tenían un teléfono.

2000.
La posibilidad de intercambiar mensajes de texto comienza a ser vista por sus potenciales usuarios, dada la convivencia de los adolescentes con la mensajería instantánea.

2003.
Por lo general, el uso del celular se limitaba a ciertas salidas nocturnas o durante el fin de semana. Los chicos mostraban gran receptividad a los SMS, aunque sólo fuera para experimentar.

2004.
El crecimiento del mercado de celulares fue explosivo. Según la consultora Price & Cooke, entre 2003 y 2004 creció un 800 por ciento. La capacidad de enviar y recibir mensajes de texto comienza a propagarse entre los adolescentes.

2005.
La consultora LatinPanel estima que unos 400.000 adolescentes tienen celular. Este deja de ser percibido como un medio de comunicación complementario, para ocupar cada vez más el lugar de un dispositivo personal. Se consolida como polifuncional (la alarma cumple la función de despertador, su reloj desplaza al de pulsera, mientras que los juegos y los SMS ayudan a "pasar el tiempo" y se establecen como forma de comunicación). La estética y los accesorios de personalización cobran especial importancia, con lo cual el celular se

convierte en un ícono adolescente que reafirma la identificación y la pertenencia a un grupo.

2010.

Situación actual de la generación interactiva en Argentina

A partir del proyecto La generación interactiva en la Argentina. Niños y jóvenes ante las pantallas, presentado a la sociedad en abril de 2010, pudimos conocer más sobre las prácticas cotidianas y la valoración de la PC, Internet, la TV, el celular y los videojuegos, por parte de la llamada "generación interactiva"; es decir, los niños escolares de entre 6 y 18 años de la Argentina.

Esta generación establece un vínculo clave con las Tecnologías de la Información y la Comunicación (TIC) y, para conocerlo, entre septiembre de 2007 y mayo de 2008, casi 100.000 menores entre 6 y 18 años de Argentina, Brasil, Chile, Colombia, México, Perú y Venezuela formaron parte de este estudio. Posteriormente, a través de la labor del Centro de Investigaciones para la Industria de Medios y Entretenimiento en Latinoamérica (CIMEL), se trabajaron los datos de Argentina. La siguiente síntesis del *Informe sobre la Generación Interactiva en Argentina* muestra, según los indicadores analizados, que estos chicos se encuentran a la vanguardia del resto de los países participantes, junto con Chile.

• La generación interactiva argentina está bien equipada y conectada a la Red, y se caracteriza, más que en ningún otro país participante del estudio, por poseer un perfil creador de contenidos y por aprender a usar las nuevas tecnologías de forma intuitiva, sobre la base de prueba y error.

• Cuando se les da a elegir entre todas las pantallas, notamos que el sexo de los alumnos escolares argentinos influye en sus preferencias: los varones prefieren Internet, mientras que las mujeres se inclinan por el teléfono celular.

• La búsqueda de entretenimiento es una de las motivaciones clave de la generación interactiva para el uso de las nuevas tecnologías.

• El estudio pone de manifiesto que la generación interactiva no distingue entre medios digitales y tradicionales, o prácticas nuevas y viejas; se mueve naturalmente por todas las pantallas. Clara muestra de ello es que la TV, un medio tradicional, es para la generación interactiva un medio de gran atractivo porque permite combinar y acompañar múltiples tareas, sean mediáticas o no: comer (80 por ciento), hacer las tareas del colegio (49 por ciento) y charlar en familia (44 por ciento) son las que más mencionan los chicos argentinos.

• Gran parte de las múltiples actividades que realizan con el celular tiene relación con la creación y el consumo de contenidos de entretenimiento: la mitad menciona la música, las fotos, y ver y grabar videos como actividades primordiales realizadas con su teléfono móvil.

• Los jóvenes argentinos también se destacan del resto de América Latina por su marcado perfil autodidacta. La Argentina está segunda, detrás de Chile, con la mayor cantidad de internautas de 10 a 18 años que dicen aprender a usar Internet intuitivamente (63 por ciento).

• A pesar de la afinidad y el uso frecuente del teléfono móvil, al 68 por ciento de los adolescentes no parece preocuparle si se quedara dos semanas sin poder usarlo. Sin embargo, el sexo de los encuestados influye en esta actitud frente a la falta del teléfono celular: las mujeres perciben en mayor medida que los varones un impacto negativo ante la potencial ausencia de este dispositivo.

• Las nuevas tecnologías multiplican exponencialmente los círculos sociales a los que los jóvenes pueden acceder. El 57 por ciento de los mayores de 10 años tiene algún amigo virtual, y un tercio incluso lo ha conocido personalmente.

• El carácter social de los jóvenes argentinos impacta en el uso de todas las pantallas. El envío de mensajes de texto es la actividad más popular en el celular (95 por ciento), muy por encima de la media regional (77 por ciento).

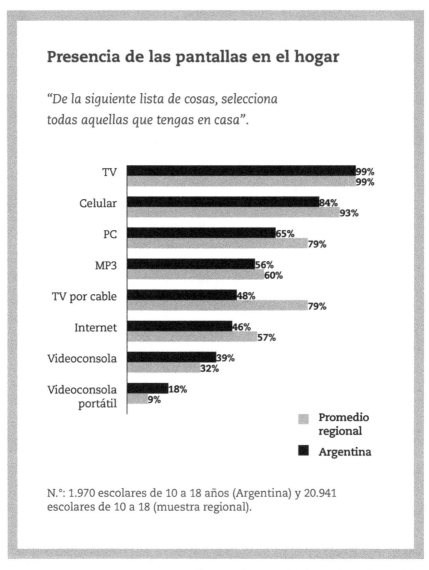

Presencia de las pantallas en el hogar

"De la siguiente lista de cosas, selecciona todas aquellas que tengas en casa".

- TV — 99% / 99%
- Celular — 84% / 93%
- PC — 65% / 79%
- MP3 — 56% / 60%
- TV por cable — 48% / 79%
- Internet — 46% / 57%
- Videoconsola — 39% / 32%
- Videoconsola portátil — 18% / 9%

Promedio regional
Argentina

N.°: 1.970 escolares de 10 a 18 años (Argentina) y 20.941 escolares de 10 a 18 (muestra regional).

Encuesta *La generación interactiva en Iberoamérica,* 2010

¿Docentes 2.0?

• La generación interactiva argentina no identifica, en general, la escuela y a los docentes como promotores y guías en el uso de las nuevas tecnologías.

• Si bien en la Argentina parecería estar más difundido el uso de la PC e Internet en la escuela que en el resto de los países del estudio, sólo el 5 por ciento de los jóvenes encuestados dice que más de la mitad de sus docentes usa y recomienda el uso de Internet para estudiar.

• La investigación pone de manifiesto que aquellos alumnos mayores de 10 años cuyos docentes utilizan Internet, y recomiendan su uso para estudiar, utilizan los servicios y las actividades de Internet en mayor medida que quienes no mencionan ningún incentivo escolar. Asimismo, son estos alumnos quienes más consultan contenidos educativos y culturales al navegar en Internet, y son más conscientes de los beneficios y de los aspectos negativos del uso de esta herramienta.

Veda telefónica

Mientras los padres argumentan la necesidad de que sus hijos asistan a la escuela con los celulares, por organización familiar o como ayuda frente a la creciente inseguridad, la escuela se blinda y hace visible su rechazo en los medios.

"Para nosotros el uso de celulares dejó de ser un problema cuando prohibimos su uso en la escuela, mediante una norma que fue firmada de conformidad por todos los padres" (*La Nación*, 28/03/2005). "Buscan prohibir en todo el país el uso del celular en la escuela" (*Clarín*, abril de 2006).

"Prohibieron el uso de celulares en las escuelas bonaerenses" (*Infobae*, 14/06/2006).
"El uso del celular en el aula debería estar prohibido, porque es un elemento perturbador que rompe con los tiempos que debe tener el aprendizaje" (ministro de Educación de la Nación Daniel Filmus, *La Nación*, 18/02/2007).
En Mendoza, se anunciaba la ley que prohibía su uso durante las clases: "La norma establece que los teléfonos móviles, MP3 y 4, y otros dispositivos se pueden utilizar a la entrada, en los recreos y a la salida" (*Los Andes*, 22/05/2008).

También en otros países, las decisiones sobre el celular se inclinan a impedir su entrada a la escuela y controlar su uso.

• *Italia* es el primer país europeo que prohibió el celular en las aulas (2007), tras los videos de burlas, peleas, vandalismo, etc., grabados con teléfonos móviles y luego distribuidos por Internet. Las sanciones llegan a la negación del derecho a examen.

• El gobierno de *Madrid* prohíbe su uso durante las clases y alerta sobre la expulsión del alumno que grabe o difunda agresiones o humillaciones. (El 60,8 por ciento no está de acuerdo con la restricción del uso de los aparatos en los colegios y los institutos).

• En los *Estados Unidos*, la mayoría de las escuelas prohíbe el uso de los teléfonos móviles. Mientras algunos distritos impiden el ingreso de los aparatos, en otros se limita su utilización durante las clases. Nueva York es una de las ciudades más estrictas, y en Detroit, al alumno al que se detecta en dos oportunidades con celular, no se le devuelve.

Algunas pautas de uso en las escuelas del distrito del condado de Clark

(Colorado, EE. UU.)

– Los teléfonos deben mantenerse apagados durante el día educacional. Los teléfonos que puedan oírse o queden en espera o vibración pueden ser confiscados.

– Los teléfonos celulares se pueden utilizar solamente antes de la primera campana, después de la campana final, o durante el tiempo de nutrición o del almuerzo.

– Los teléfonos celulares se deben mantener fuera de la vista (mochila, monederos, bolsillos).

– Los teléfonos confiscados por violación de estas pautas serán devueltos solamente a los padres durante horas no educacionales.

• *Finlandia*, que tiene uno de los mejores niveles educativos en el mundo, durante el año 2003 prohibió totalmente el uso del teléfono celular, pero esta decisión se debió anular al poco tiempo.

• En *Japón*, la telefonía móvil está autorizada a ingresar a la escuela, pero debe hacerlo en "modo educado", o sea apagada.

• Para *Francia*, la medida rige para los menores de 10 años; sin embargo, varias asociaciones pidieron ampliar la limitación hasta los 14 años. El gobierno francés solicitó a las compañías telefónicas la invención de un aparato que permita utilizar el servicio de mensajes de texto pero sin llamadas telefónicas, y que no vuelvan a aparecer menores de 10 años en publicidades de telefonía móvil.

• El *gobierno checo* prevé una enmienda a su ley de educación, para prohibir su uso, en un intento de alcanzar una mayor disciplina en las escuelas y combatir el abuso de estos teléfonos durante las clases.

Educar a la generación Einstein

Mientras algunos investigadores consideran que la nueva cultura digital termina estupidizando a las nuevas generaciones, otros sostienen que las hace más inteligentes rápidas y sociales. El debate entre escépticos y entusiastas sigue, mientras los chicos continúan interactuando solos en la "Galaxia Internet".

¿Generación Tonta o Einstein?

"Si no nos entiendes, no entiendes este mundo"
(anónimo criado en la Era Digital).

Desde algunos ámbitos académicos relacionados con las ciencias de la educación y la conducta, se argumenta sobre el incremento de la "torpeza" en la generación de chicos que utiliza actualmente Internet y la telefonía móvil. También la televisión ha sido acusada desde sus inicios de estupidizar a los televidentes; pero los defensores de Internet son categóricos al manifestar que se trata de actividades totalmente opuestas. Frente a la TV se es un espectador pasivo, mientras que ante la PC los chicos son los que crean la información.

Mark Bauerlein, autor de *La generación más tonta: cómo la era digital estupidiza a los jóvenes estadounidenses y pone en riesgo nuestro futuro. O no confíes en nadie menor de 30*, ya deja claramente expresado en el título de su libro lo que piensa acerca de las generaciones interactivas. Junto con Nicholas Carr, autor del artículo "¿Google nos está volviendo estúpidos?", forma parte de un grupo de investigadores y ensayistas que acusan a Internet de la degradación cultural que su uso promovería. Denuncia que la Red ha debilitado poco a poco la capacidad de concentración y contemplación, y alerta sobre los cambios que pueden producirse en relación con la manera como leemos y pensamos, al *"estar readiestrando nuestros cerebros para recibir información de manera muy rápida y en pequeñas porciones"*.

Por su parte, el escritor peruano Mario Vargas Llosa, luego de leer *Superficiales* (2011), el último libro de Carr, expresó que, de ser ciertos estos argumentos, *"la robotización de una humanidad organizada en función de la inteligencia artificial es imparable"* (*El País*, 31/07/2011).

Defensores de Internet y las nuevas herramientas tecnológicas, como el inventor Raymond Kurzweil y el profesor John McEneaney, de la Universidad de Oakland (EE. UU.), opinan que no es correcto oponer cerebro y tecnología, ya que deben complementarse en beneficio del hombre. A ellos se suma el experto internacional en nuevos medios Don Tapscott, quien sin dudarlo declara que los jóvenes de hoy son la generación más capaz, talentosa e innovadora de todos los tiempos.

Tapscott realizó una investigación con más de 11.000 entrevistas (incluyendo América Latina), y esta dio como resultado un libro que contrasta absolutamente con el de Bauerlein: *Criados en la Era Digital. ¿Cómo la Generación de la Red está cambiando el mundo?*

Estamos refiriéndonos a aquellos jóvenes que nacieron entre 1977 y 1997, y se caracterizan por ser la primera generación en haber crecido rodeada de tecnologías digitales. En 2011, el primero de ellos está cumpliendo 34 años, y el más joven, 14.

Según los expertos, pueden realizar múltiples tareas simultáneamente y han aprendido a manejar grandes cantidades de información. Son creativos, ya que, cuando escriben en un blog y publican un video, sintetizan información y proponen nuevos puntos de vista. Tapscott asegura que tienen una cultura muy diferente de la de los adultos: de colaboración, de transparencia, de velocidad, de personalización; y asegura en una entrevista que se trata de la generación más inteligente de la historia y que, si somos capaces de escucharlos *"ellos nos enseñarán el futuro"*.

Los chicos Einstein

El término "Generación Einstein" (GE) aparece por primera vez en el libro *Generación Einstein: más listos, más rápidos y más sociales*, de Jeroen Boschma y Inez Groen (2006). Estos investigadores holandeses presentan los resultados de un estudio realizado por la agencia de comunicación Keesie durante 10 años y que incluyó conversaciones con jóvenes nacidos a partir de 1988.

Pero ser la primera generación digital por excelencia acostumbrada a consumir información en cualquier lugar y momento tiene consecuencias:

1. *Cuestionamiento de la autoridad.* La posibilidad de acceder a múltiples fuentes de información ha desautorizado ante ellos a los monopolios tradicionales del conocimiento que se apoyan en los medios de comunicación y las autoridades en general. Para la GE, estos pasan a ser una fuente de información más. No aceptan imposiciones, sólo evidencias.
2. *Prácticos y críticos.* Conscientes de que hay más información de la que pueden asimilar, la discriminan con rapidez, atendiendo a lo que consideran relevante. Para ellos, la imagen es superior a la palabra.
3. *Nuevas formas de socializar.* El ordenador ha dejado de ser una refinada máquina de escribir, para convertirse en una herramienta de socialización: chats, mensajerías instantáneas, blogs, comunidades virtuales, etc. Son tanto consumidores de información como emisores y fuentes de información en Internet.
4. *Consumidores influyentes.* En consecuencia, esta habilidad para manejar información y crearla les otorga un poder único como consumidores, ya que pueden castigar a las empre-

sas en sus weblogs, boicotear o hacer popular una marca a través de las redes sociales digitales, de las que son los mayores usuarios.

Generación Einstein *versus* generación Yo

La otra cara de las conclusiones del estudio de Jeroen Boschma e Inez Groen sobre la actual generación de jóvenes y sus valores es la de Jean Twenge, profesora de la Universidad de San Diego en California. En su libro Generación yo, los define como "egocéntricos" y narcisistas, y destaca los siguientes rasgos.

• Es una generación obsesionada con las redes sociales (Facebook, Twitter o MySpace) y con YouTube, gracias a cual, al permitirles compartir videos, pueden "autopromocionarse muy por encima de lo que nunca permitieron los medios tradicionales".
• El exagerado materialismo de la sociedad, la educación permisiva que recibieron, la atracción por los famosos y por los *reality shows*" son algunos factores que podrían explicar los rasgos de esta generación.
• Se trata de una generación que infló su yo con frases como *"Puedes ser cualquier cosa que te propongas"*, *"Cree en ti mismo"*, *"Nunca abandones tus sueños"*, y que se educó para pensar primero en sí mismo.
• Sin embargo, el marcado contraste entre el mundo real y el mensaje de que cualquier cosa es posible incrementa en estos chicos la ansiedad y la depresión.

Un mundo a la medida de la GE

Un estudio de la firma analista Quantum Research indica que las próximas tendencias apuntan al desarrollo de tres hábitos totalmente diferentes de los de las generaciones anteriores:

- Se profundizará la socialización en las redes sociales que hoy existen, como Facebook y Twitter.
- Un mayor incremento de la movilidad potenciará las posibilidades de socialización continua y desde cualquier lugar.
- Será cada vez más frecuente la comunicación, pero irá de la mano de la pérdida de privacidad. Los contactos serán menos presenciales y, muchas veces, entre desconocidos.
- YouTube (o su sucesor) ocupará los primeros lugares, a raíz del fuerte consumo de video de las siguientes generaciones. La TV seguirá perdiendo espacios ante los contenidos audiovisuales por Internet y cederá su capacidad de llegar a audiencias de forma masiva.

Educando a Einstein

Por lo general, los profesores se quejan de la actitud de estos chicos, a los que identifican como desinteresados ante el estudio, pero no comprenden que aprenden distinto o el sistema no les permite innovar. Las estrategias de enseñanza que funcionaban para la generación de la era posindustrial (los *baby boomers*) no funcionan con ellos, y los docentes necesitan encontrar y poder utilizar nuevas formas para comunicarse.

Son justamente estos jóvenes y niños los que nos asombran cuando utilizan todos los recursos del teléfono celular. Esta es la gran diferencia por la que muchos, en especial los educadores, al desconocer todas las posibilidades del aparato, no alcanzan a ver cómo, a través de la cultura que se genera a partir de este, puede ser utilizado en variadas actividades escolares.

> *Es muy importante recordar que en 2007,*
> *con la creación del iPhone, se consigue "movilizar*
> *Internet" uniendo la Red con la telefonía móvil.*
> *Por esto, ningún servicio del siglo XXI puede olvidar*
> *los celulares, y menos aun el educativo.*

Como hemos visto, en oposición a los argumentos de la corriente apocalíptica, no pocos académicos e investigadores depositan grandes esperanzas en la GE, que integran chicos distintos que necesitan con urgencia "otra educación".

Estos niños y jóvenes, que se caracterizan por realizar simultáneamente varias tareas, desafían a sus docentes, quienes deben atraer en primer lugar su atención. Para poder lograr esto, el mayor reto que enfrenta la educación está en la ruptura del paradigma tradicional de enseñanza-aprendizaje, y será a través de los docentes, quienes deberán convertirse en *humildes alumnos* y modificar sus competencias profesionales para sintonizar con sus estudiantes. Para lograr esto, Dan Tapscott sugiere que el concepto de la educación cambie, de lineal a oportunidades de aprendizaje en hipermedios, de instrucción a construcción, y de métodos estandarizados a acercamientos personalizados de aprendizaje.

Pero la GE, además de la calidad de sus docentes, está condicionada por otros factores, entre los cuales uno de los más importante son las TIC y su influencia en las formas de pensar, sentir y hacer las cosas. No se trata de meter lo nuevo en lo viejo, o de hacer lo mismo que antes pero con la última tecnología, sino de diseñar nuevos ambientes de aprendizaje, sin perder de vista que las TIC enriquecen las posibilidades de la educación, pero no sustituyen las formas tradicionales de aprendizaje.

> *"Las computadoras son una solución, pero no tienen*
> *por qué ser 'la' solución. La clave es el sistema.*
> *Lo que permiten las computadoras es tener una experiencia*
> *individual que les permite a los alumnos comunicarse*
> *con un compañero, o trabajar en equipo, o comunicarse*
> *con alguien al otro lado del mundo, o investigar algo*
> *que les interese, o hacer las experiencias que de otra forma*
> *no podrían hacer, pero cada uno en su propio campo.*
> *La computadora en sí no tiene ninguna relevancia,*
> *es un aparato que permite tener experiencias si se crea*
> *un buen software que lo acompañe"*
> (16-3-2005, entrevista de Edgard Punset a Roger
> Schank, investigador en inteligencia artificial
> que centra su trabajo en la aplicación de los avances
> en ciencia cognitiva para mejorar la educación;
> entiende nuestro cerebro como una máquina
> del aprendizaje y cree seriamente que no
> se le está enseñando de forma correcta).

Lo nuevo en la educación para los chicos de la GE será la forma en que se usen los recursos para crear situaciones de aprendizaje que promuevan el autoaprendizaje y el desarrollo de su pensamiento crítico y creativo, mediante el trabajo cooperativo y el acceso directo a la información, utilizando las TIC.

Pero no por ser entusiastas debemos dejar de reconocer que también son la generación de la transformación cognitiva, con enormes dificultades para expresar ideas en forma escrita, erráticos en el conocimiento enciclopédico (lo que compensan recurriendo a buscadores en línea como Google), y dominados por el consumo inmediato y de corto alcance.

¿Cómo aprenden?

• Ambientes ricos en imágenes multimedios; especialmente se prefieren aquéllos visuales con audio, por sobre los que se componen predominantemente de texto.

• Los estudiantes prefieren involucrarse más activamente en las tareas que en las "lecciones orales", la lectura o la escritura.

• La motivación para el aprendizaje viene justamente de la participación activa en el proceso y de los intentos de responder a preguntas que surgen durante la realización de la tarea.

• Se espera una respuesta inmediata a las acciones, y la tecnología proporciona la rapidez que demandan.

• Orientación a resultados, con preferencia a logros de aprendizaje claros en relación con una tarea, en lugar de algo ambiguo.

• Prefieren trabajar en grupos en los que puedan ayudar activamente a compañeros. Esto contrasta con la observación de que los miembros de la GE pueden pasar horas en solitario, con juegos en la computadora.

• Consideran la interacción social como una parte importante de su aprendizaje.

• Es común la "multitarea", tal como escuchar música, trabajar en la computadora y participar en un *chat room*; todas estas actividades se llevan a cabo al mismo tiempo, y su combinación no parece ir en contra de cada tarea individual.

¿Cómo enseñarles?

El siguiente es un cuadro comparativo entre la escuela tradicional y la escuela que necesitan las nuevas generaciones interactivas. Los autores de La Generación Einstein lo elaboraron según la teoría de Alex van Emst, y tiene como centro el papel del docente en un nuevo paradigma educativo.

La *vieja* escuela (lógica-positivista)	La *nueva* escuela (social-constructivista)
Conocimientos objetivos	Conocimientos subjetivos
Transferencia de conocimientos	Construcción de conocimientos
Enseñar	Aprender
Sensata	Significativa
De las partes al todo	Del todo a las partes
Se apela a dos inteligencias	Se apela a más inteligencias
Orientada a leer y atender	Orientada a la experiencia y la explicación
El rendimiento se compara con la media	El rendimiento se compara con el rendimiento anterior
Se busca lo que uno no domina	Se busca lo que uno domina
Trabajar juntos significa copiar	Se aprende más en compañía que solo
Enseñanza orientada al conocimiento y la destreza (parcial)	Enseñanza orientada a la competencia

El conocimiento se almacena independientemente del contexto	No existe un conocimiento sin contexto
El profesor (experto) determina el contenido de la clase y es sobre todo instructor	El profesor estimula el proceso de aprendizaje y es un experto, instructor, entrenador, formador, piloto y consejero
Aprender para más tarde	Aprender para ahora

Competencias digitales

"Un analfabeto será aquel que no sepa dónde ir a buscar la información que requiere en un momento dado para resolver una problemática concreta. La persona formada no lo será en base de conocimientos inamovibles que posea en su mente, sino en función de sus capacidades para conocer lo que precise en cada momento"
(Alvin Tofler, *La Tercera Ola*, 1980).

La competencia digital supone el uso seguro y crítico de las TIC para el trabajo, el ocio y la comunicación. Así, una persona alfabetizada digitalmente podrá, al utilizar las computadoras: obtener, evaluar, almacenar, producir, presentar e intercambiar información, y comunicarse y participar en redes de colaboración.

ALFABETIZACIÓN DIGITAL

permite a los ciudadanos que puedan adquirir

acceder nuevas oportunidades

Es una estrategia

y realizar nuevas actividades

a conocimientos tecnológicos básicos

En general, las *competencias digitales* que se sugiere desarrollar son las siguientes:

Conocimiento de los lenguajes y sus técnicas	Interpretación crítica y productiva	Participación y ciudadanía activa
SABER	SABER HACER	SABER SER
Conocer los lenguajes, los medios y sus técnicas de producción: – Lenguaje textual – Lenguaje audiovisual – Lenguaje digital	– Acceso – Análisis – Evaluación – Pensamiento crítico – Autonomía personal	– Derecho a la información – Libertal de expresión – Derechos de autor y propiedad intelectual
	– Resolución de problemas – Trabajo colaborativo	– Participación en la esfera pública democrática – Diálogo intelectual
Dimensión lingüística	Dimensión sociopragmática	Dimensión cívica

Creemos que es necesario completar con la dimensión social a través de una mayor especificación, ya que, en la actualidad, el concepto de competencia digital se modifica con la aparición y el uso de nuevas herramientas de informática social, que dan lugar a nuevas habilidades relacionadas con colaboración, intercambio, apertura, reflexión, formación de la identidad, y también con desafíos tales como calidad de la información, confianza, responsabilidad, privacidad y seguridad.

Como las tecnologías y su uso evolucionan, surgen nuevas habilidades y, por lo tanto, el enfoque de la competencia digital debe ser dinámico y revisarse regularmente.

Algunas conclusiones del III Congreso
Escuela 2.0 en Granada (6 al 8 de octubre 2011)

• No hay una visión homogénea de los profesores ante las TIC y la escuela 2.0.
• Existen variabilidad y diferencias significativas entre niveles y escuelas.
• Mejores valoraciones hacia la escuela 2.0, de los profesores de Primaria que de los de Secundaria.
• Hay mucha tecnología en las aulas, pero no está lograda la plena disponibilidad…, y se reclama más.
• Se usan las TIC, pero hay poca innovación didáctica.
• Los docentes tienen una visión positiva hacia los efectos de las TIC.
• A pesar de la abundancia de TIC, el libro de texto y la pizarra tradicional son los recursos más empleados diariamente.
• El coordinador de TIC es necesario.
• Los docentes consideran que tienen formación suficiente, pero demandan más.
• Los docentes son críticos con la política formativa en TIC, a la que consideran entre "regular y aceptable".
• Los docentes quieren recursos online libres y compartidos.

El *Periódico de Aragón*, 14/11/2011

Padres y profesores aseguran que el beneficio de la llegada de los ordenadores a las clases, la llamada Escuela 2.0, ha sido y es todo un éxito en los centros públicos aragoneses, donde se ha mejorado hasta un 30 por ciento el rendimiento del alumno.

Decálogo de los derechos de los niños y los adolescentes en internet

Todos los niños, las niñas y los adolescentes tenemos derecho:

1. al acceso a la información y la tecnología, sin discriminación por motivo de sexo, edad, recursos económicos, nacionalidad, etnia, lugar de residencia, etc. En especial, este derecho al acceso se aplicará a los niños y las niñas discapacitados;

2. a la libre expresión y asociación. A buscar, recibir y difundir informaciones e ideas de todo tipo por medio de la Red. Estos derechos sólo podrán ser restringidos para garantizar la protección de los niños y las niñas de informaciones y materiales perjudiciales para su bienestar, desarrollo e integridad; y para garantizar el cumplimiento de las leyes, la seguridad, los derechos y la reputación de otras personas;

3. a ser consultados y a dar nuestra opinión cuando se apliquen a Internet leyes o normas que nos afecten, como restricciones de contenidos, lucha contra los abusos, limitaciones de acceso, etc.;

4. a la protección contra la explotación, el comercio ilegal, los abusos y la violencia de todo tipo que se produzca utilizando Internet. Los niños y las niñas tendremos el derecho de utilizar Internet para protegernos de esos abusos, para dar a conocer y defender nuestros derechos;

5. al desarrollo personal y a la educación, y a todas las oportunidades que las nuevas tecnologías como Internet puedan aportar para mejorar nuestra formación;

6. a que los contenidos educativos dirigidos a niños y niñas sean adecuados para nosotros y promuevan nuestro bienestar, desarrollen nuestras capacidades, inculquen el respeto a los derechos humanos y al medio ambiente, y nos preparen para ser ciudadanos responsables en una sociedad libre;

7. a la intimidad de las comunicaciones por medios electrónicos; a no proporcionar datos personales por la Red, a preservar la identidad y la imagen de posibles usos ilícitos;

8. al esparcimiento, al ocio, a la diversión y al juego, también mediante Internet y otras nuevas tecnologías; a que los juegos y las propuestas de ocio en Internet no contengan violencia gratuita, ni mensajes racistas, sexistas o denigrantes, y respeten los derechos y la imagen de los niños y las niñas, y otras personas;

9. a beneficiarnos y a utilizar en su favor las nuevas tecnologías para avanzar hacia un mundo más saludable, más pacífico, más solidario, más justo y más respetuoso con el medio ambiente, en el que se respeten los derechos de todos los niños y las niñas.

10. Los padres y las madres, por su parte, tendrán el derecho y la responsabilidad de orientar, educar y acordar con sus hijos e hijas un uso responsable de Internet: establecer tiempos de utilización, páginas que no se deben visitar o información que no deben proporcionar para protegerlos de mensajes y situaciones peligrosas, etc.

Para ello:

– Los padres y las madres también deben poder formarse en el uso de Internet e informarse de sus contenidos.

– Los gobiernos de los países desarrollados deben comprometerse a cooperar con otros países para facilitar el acceso de estos y sus ciudadanos, y en especial de los niños y las niñas, a Internet y otras tecnologías de la información, para promover su desarrollo y evitar la creación de una nueva barrera entre los países ricos y los pobres.

(Elaborado por alumnos de un colegio público rural
de Cádiz, España, junto con UNICEF.)

La educación móvil (*m-learning*)

Al incorporar nuevas características y funciones, el teléfono celular se ha convertido en una computadora de mano. Los estudiantes lo usan constantemente como herramienta de comunicación, pero también como organizador personales y para bajar información de Internet. La escuela, que se ha ocupado por prohibirlo y controlarlo, hoy tiene como desafío encontrar usos educativos legítimos para la telefonía móvil.

"El salto de Internet a la telefonía móvil se irá incrementando. De hecho, para 2015 habrá más usuarios de Internet móvil (inalámbrica) que desde computadoras personales fijas"
(Manuel Castells, 2010).

Primero fue la TV, luego la computadora y ahora el celular; la telefonía móvil se ha convertido en la nueva pantalla portable. En 1991 había 16 millones de celulares, mientras que 10 años después la cifra llega a 5.500 millones, por lo cual esta tecnología es la que más rápidamente se ha desarrollado en la historia de la humanidad. Su mayor crecimiento se encuentra en Sudamérica y Asia, donde más de la mitad de la población de las zonas rurales cuenta con teléfonos móviles.

El 85 por ciento de la población mundial está conectada a través del celular, y en América Latina la penetración es del 80 por ciento, con países punta como Argentina y Chile. Entre las conclusiones del estudio *Comunicación inalámbrica, economía y sociedad* (2011), dirigido por Manuel Castells, el sociólogo español destaca que esta forma de comunicación ayuda al desarrollo, particularmente en los países y las regiones más pobres (*El País*, 29/09/2011).

Ahora bien, el rápido desarrollo tecnológico de la comunicación inalámbrica, unido a la potencialidad de sus recursos y la gran cantidad de usuarios que continúan incrementándose año a año, lleva a interrogarnos: ¿puede ser realmente útil para los docentes el celular en la enseñanza?, ¿es posible que mejore, a través de él, el aprendizaje de los estudiantes?, ¿es sencillo controlar los riesgos que acompañan sus beneficios?, ¿serán capaces aquellos sistemas educativos emparentados al "teletrófono", del italiano Antonio Meucci (1860), hacer amistad e incluir en cada escuela esta tecnología?

Sociedad digital

"Nuestros estudiantes son hoy todos nativos de la lengua
digital de juegos por computadora, video e Internet"
Marc Prensky, *Nativos e inmigrantes digitales* (2001).

En la actualidad, cohabitan dos generaciones diferentes que comparten una misma tecnología informática y de la comunicación, pero la utilizan de manera distinta. Según Mark Prensky, los "nativos digitales" son todas aquellas personas nacidas desde mediados de los 90 en adelante. En consecuencia, a la categoría "inmigrantes digitales" pertenecen quienes nacieron antes de esa fecha.

Dentro de las características de los nacidos en un mundo digital, podemos destacar que:

- reciben información en forma rápida y la comparten;
- disfrutan los procesos paralelos y las multitareas;
- prefieren los gráficos antes que el texto;
- defienden los accesos al azar (desde hipertextos);
- funcionan mejor cuando trabajan en red;
- prosperan con satisfacción inmediata y bajo recompensas frecuentes, eligiendo jugar en "serio" en vez que trabajar;
- son capaces de inventar los instrumentos que utilizan para resolver problemas.

Por el otro lado, aquellos que se van "acomodando" al mundo digital poseen las siguientes características:

- guardan la información *("el conocimiento es poder")*
- estructuras mentales moldeadas por los procesos paso a paso;
- seguimiento de instrucciones como "antes de…" o resolver un problema a la vez;
- actuación basada en el análisis deductivo;
- aprendizaje basado en el enlace con conocimientos preadqui-

ridos: imprimir un documento digital para leerlo o corregirlo, o llamar a una persona para avisarle o confirmarle que se le ha enviado un SMS o un e-mail.

Para Prensky, los chicos de hoy no pueden aprender como los de ayer, porque son diferentes sus cerebros y su cultura; y en esta evidente distancia generacional y cognitiva nos preguntamos: ¿cómo un sistema educativo diseñado y ejecutado por *inmigrantes digitales* puede lograr que los *nativos digitales*, que no aprenden como aprendieron ellos, aprendan?

Quienes argumentan que los nativos digitales no aprenden porque no prestan atención y, además, optan por la rebeldía, reciben como respuesta que la enseñanza tradicional no logra motivarlos ni despierta su interés.

Complejo de Prensky

El mal uso de los conceptos *nativos e inmigrantes digitales* muestra al alumno superior al profesor, y a este último con sentimientos de culpa al tener que enfrentarse a las nuevas tecnologías.

Decía Prensky, en 2001, en su revolucionario texto Nativos e inmigrantes digitales: *"Si los educadores inmigrantes digitales realmente desean alcanzar a los nativos digitales —es decir a todos sus estudiantes—, tendrán que cambiar"*. Pero, años después, en su texto El papel de la tecnología en la enseñanza y en el aula (2008), manifestó con más prudencia:

> *"El papel del profesor no debería ser tecnológico, sino intelectual, para proporcionar a los estudiantes contexto, garantía de calidad y ayuda individualizada (por supuesto, los profesores que adoran la tecnología son libres de aprender y usarla)".*

Los estudiantes tienen claro que el conocimiento no sólo lo tiene el profesor, sino que también se encuentra en Internet. Los docentes saben que muchos de sus alumnos presentan dificultades para buscar información de calidad en Internet, gestionar de manera inteligente la gran información que existe o ser prudentes en relación con la seguridad y la privacidad. Por esto es fundamental la presencia de un educador que pueda transmitirles una visión crítica frente a las tecnologías y la información que contienen, y enseñarles que estas herramientas sirven no sólo para la comunicación y la recreación, sino también para producir contenidos.

⊙ Padres de familia y maestros

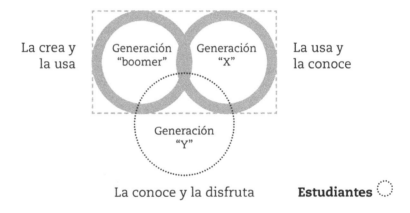

La generación de adultos (padres y docentes) creamos y utilizamos las TIC; los niños y los jóvenes, además, las disfrutan. Necesitamos provocar el "encuentro digital" entre las generaciones.

En el año 2009, Marc Prensky superó el concepto de nativos digitales con otro concepto más elaborado: la *sabiduría digital*. Este concepto, que aparece en *Homo sapiens digital* (2009), plantea que la brecha digital crece por la falta de interés de algunos respecto de la digitalización. Los procedimientos educativos deben cambiar para que los jóvenes se conviertan en verdaderos "sabios digitales".

Esta sabiduría es, para el autor, el entendimiento que deriva del uso de la tecnología, donde nuestra capacidad cognitiva puede verse enriquecida más allá de lo habitual, y en segundo lugar, hace referencia a la necesidad de utilizar de forma prudente e inteligente la tecnología. La sabiduría digital, según Prensky, puede y tiene que ser aprendida y enseñada, y es este precisamente uno de los desafíos del sistema educativo y del profesional de la educación actual: desarrollar competencias digitales entre los niños y los jóvenes, para que luego estos utilicen la tecnología de manera crítica y constructiva.

¿Otra escuela?

> *"Si hay una institución que puede ser transformada y provocar transformaciones, es la educación. Lamentablemente es la menos transformada, y puede apreciarse un desfase creciente entre los niños y su entorno pedagógico"*
> (MANUEL CASTELLS, 2010).

Estudiantes y educadores viven en un ámbito digital que no encuentran en la escuela; y, como enfatiza Castells, el problema *"no se reduce al equipamiento tecnológico, sino que implica la necesidad de un cambio cultural y organizativo"*. El gran reto es transformar la información en conocimiento, y para esto son necesarias la innovación escolar y nuevas competencias.

Milton Chen, director hasta 2010 de Edutopia, una organización sin fines de lucro creada para comunicar una nueva visión para las escuelas del siglo XXI, publicó el libro *País de la Educación: seis frentes importantes de la innovación en nuestras escuelas* (2010), donde expresaba: *"Imaginen un País de la Educación, una sociedad del aprendizaje donde la educación de niños y adultos es la más alta prioridad nacional, a la misma altura que una economía fuerte, altas tasas de empleo y de seguridad nacional"*.

Como respuesta a este desafío, Chen presenta *6 frentes de innovación* que se deben considerar al intentar redefinir las escuelas, la enseñanza y el aprendizaje:

1. **El frente del pensamiento.** Evitar los enfrentamientos entre las distintas teorías pedagógicas, buscando tomar lo mejor de los diferentes enfoques.
2. **El frente del currículo.** Redefinir lo que se enseña, cómo se enseña y cómo se evalúa, a favor del aprendizaje basado en proyectos, educadores creativos y contenidos relacionados con la vida cotidiana de los estudiantes.
3. **El frente de la tecnología.** Internet, los celulares, la formación online, las plataformas, todo ello permite que los estudiantes aprendan más y más rápidamente, además de ayudar a los profesores a hacer el proceso de aprendizaje más visible para ellos mismos, sus estudiantes y sus padres.
4. **El frente del tiempo y el espacio.** El aprendizaje ahora puede darse las 24 horas del día, los siete días de la semana, durante todo el año. Esto abre la puerta a experiencias enriquecedoras, también a los niños de los sectores más desfavorecidos, cuyas familias no pueden permitirse viajar o facilitarles otro tipo de actividades.
5. **El frente de la co-educación.** En vez del modelo tradicional del profesor en el aula con 30 alumnos, los profesores implican a un equipo de "co-educadores", desde los padres hasta otros docentes y expertos en la comunidad educativa y *online.*
6. **El frente de los jóvenes.** La juventud de hoy es la primera generación en llevar dispositivos móviles adonde quiera que vaya. Aprenden de una manera totalmente diferente de lo que lo hicimos los que tenemos más de 40 años, y están enseñándonos cómo reorganizar el nuevo sistema educativo.

Roles del docente en un entorno de aprendizaje en red

Para contextualizar, diremos que las nuevas tecnologías han puesto en entredicho la metodología tradicional de aprendizaje: la clase magistral del profesor experto y el alumno que escucha y toma notas, para después estudiar el contenido y repetirlo en un examen. Frente a esta metodología, las nuevas formas de aprendizaje, potenciadas por las redes sociales y las TIC, han reavivado el debate en torno a una metodología más constructivista, donde el alumno gana autonomía en el proceso de aprendizaje, y el profesor se convierte en guía de este proceso.

George Siemens, en el artículo "La enseñanza en las redes sociales y tecnológicas", desarrolla los roles que el profesor podría desempeñar en un entorno de aprendizaje de este tipo, en el que la clase construye conocimiento basándose en la transmisión de información y la suma de los conocimientos previos de cada uno de los individuos, que se convierten en "puntos de conexión" (nodos) de una "red de aprendizaje". Esto se entiende mucho mejor en la enseñanza a distancia, pero es también aplicable a un curso presencial, donde los estudiantes comparten conocimiento en un aula, pero también preparan un trabajo para el día siguiente fuera del horario establecido.

Los 7 roles del profesor en ambientes educativos en red

1. **Amplificar.** Cuando reenviamos a una multitud de personas una información que nos parece relevante (a través del correo electrónico o de las redes sociales), estamos amplificándola, en una red que se extiende en progresión geométrica.
2. **Intermediar.** Una de las tareas clave del profesor es intermediar entre el contenido y el estudiante, para hacérselo accesible en un primer momento.

3. **Señalizar y crear sentido socialmente.** Una de las preguntas más repetidas por los profesores: ¿cómo van a estudiar con lo que encuentran en Internet? En Internet todo son opiniones, retazos contradictorios, informaciones fragmentadas. Precisamente, una de las principales tareas del profesor actual de cara al futuro es enseñar a manejarse entre informaciones complementarias e incluso contradictorias, y elaborar la información dándole coherencia y sentido.

4. **Agregar.** Siemens plantea un futuro no muy lejano en que las nuevas herramientas de búsqueda de información se hagan verdaderamente "semánticas", permitiendo construir el cuerpo de los cursos a medida que se avanza, y no previamente.

5. **Filtrar.** Se trata de *"reforzar el papel de experto del profesor"* (como en el modelo de la escuela tradicional), llevando a cabo el filtrado de manera explícita (por ejemplo, buscando lecturas en torno al tema tratado) o implícita (proponiendo síntesis o índices de contenidos en torno a un tema.

6. **Modelar.** Se trata de *"convertirse en carpintero, fontanero o físico"*; *"lo que no puede comunicarse y entenderse a través de las lecturas o las actividades puede ser suplido por el modelaje del profesor"*.

7. **Presencia continua.** El docente tiene que estar presente *online* con una identidad virtual definida: un blog, un perfil en una red social, o una combinación de todo ello, a través de los cuales *"resumir discusiones, aportar perspectivas críticas y proponer nuevas fuentes de información"*. De este modo, podrá conectar con otros (no sólo con sus alumnos) y seguir ampliando conocimientos.

El aprendizaje móvil: con la mochila en el bolsillo

Entre 2002 y 2006, comenzaron a aparecer numerosos estudios que indican que las tecnologías que soportan el aprendizaje móvil (*m-learning*) se están expandiendo y comienzan a ser comunes en una gran variedad de entornos de aprendizaje. No se trata de sustituir la PC, sino de ayudar a complementar los recursos con herramientas instantáneas que ya permiten las nuevas TIC, que han venido a revolucionar la vida del ser humano.

El aprendizaje móvil es definido como la enseñanza por medio de dispositivos móviles, tales como PDA, iPod, smartphone (teléfonos inteligentes) y teléfonos celulares. Se considera una evolución natural del *e-learning* o aprendizaje electrónico, diferenciándose de este en que el uso de la tecnología móvil permite flexibilidad al aprendizaje, ya que los estudiantes pueden aprender "en cualquier momento y en cualquier lugar".

El aprendizaje móvil es un concepto nuevo en el ámbito pedagógico. El primer trabajo publicado que pone su atención en el aprendizaje móvil surge en el año 2000, en la revista *Computers & Education*, donde Mike Sharples examinó el potencial de los nuevos diseños apoyados en tecnologías móviles que permitieran mejorar los programas de aprendizaje permanente y las oportunidades de educación continua.

Experiencias en educación móvil

La nueva TIC ofrece la posibilidad de desarrollar modelos pedagógicos que el sistema tradicional de enseñanza, con frecuencia, no permite. Pero debemos también superar la excesiva devoción a lo tecnológico y reconocer que no es suficiente integrarla a la escuela, sino que hay que saber para qué, cuándo y cómo puede aportar calidad a los procesos formativos.

> *"La integración de las TIC en la institución escolar ha sido, es y probablemente seguirá siendo motivo de debate y de diseño de distintos escenarios, algunos de los cuales hoy pueden parecer de ciencia ficción"*
> (*La integración de las Tecnologías de la Información y la Comunicación en los sistemas educativos*, IIPE-UNESCO, 2006).

Integrar la tecnología móvil, pero ¿cómo?

Hemos visto, a lo largo de estas notas, cómo poder dominar las nuevas tecnologías se transforma en un aprendizaje indispensable para toda persona en la sociedad de la información; pero también reflexionamos sobre la dificultad que se observa en los sistemas educativos, al tener que tomar decisiones acerca de la inclusión inteligente de las TIC que necesitan las nuevas generaciones digitales. La sociedad de la información no puede existir sin educación.

Tecnología móvil, computación móvil, telefonía móvil son términos genéricos para describir las capacidades que permiten una comunicación electrónica de manera no cableada, lo que facilita la comunicación entre puntos remotos y en movimiento. En la actualidad, se asocia a los servicios y los dispositivos que permiten comunicación de voz, datos y capacidad de procesamiento en terminales.

Es interesante observar las 8 formas de integración y uso de la tecnología en el aula que describe Christopher Moersch (1995), en los que se trata de avanzar de niveles de exploración o toma de conciencia hacia otros de inclusión, expansión, integración y refinamiento:

Nivel 0: no uso.
Caracterizado por una supuesta falta de acceso a la tecnología o falta de interés en buscar una aplicación útil. Existen también instituciones educativas que no alientan su inclusión, como es el caso de los colegios Waldorf, que se encuentran en la zona de Sillicon Valley (el mayor centro tecnológico del mundo). Estas instituciones, a las que asisten los hijos de los empleados que trabajan en las grandes empresas de informática, rechazan completamente el uso de las nuevas tecnologías para el aprendizaje. Su proyecto educativo explicita que la enseñanza es una experiencia humana, y la tecnología es

una distracción que no ayuda ni en la enseñanza ni en el aprendizaje.

Nivel 1: conciencia.
El uso de las TIC se hace fuera de las aulas, por ejemplo en laboratorios especiales, y las aplicaciones disponibles tienen poca relevancia con relación al programa de enseñanza de cada profesor.

Nivel 2: exploración.
Las herramientas tecnológicas sirven como un complemento a los programas de los docentes (juegos educativos o simulaciones).

Nivel 3: inculcar.
Las herramientas tecnológicas potencian la enseñanza del docente a través del uso de bases de datos, hojas de cálculo o aplicaciones multimedia para analizar resultados o compartir datos entre escuelas.

Nivel 4a: integración mecánica.
Las TIC se integran mecánicamente, lo que enriquece la comprensión de los estudiantes de conceptos, temas y procesos, con una fuerte dependencia materiales que no son de producción propia.

Nivel 4b: integración rutinaria.
Los docentes pueden crear fácilmente unidades integradas, con poca intervención de recursos externos.

Nivel 5: expansión.
El acceso a la tecnología se extiende más allá del aula, para ampliar las experiencias de los estudiantes hacia aprendizajes en el contexto real (aprendizaje situado) o para la solución de problemas.

Nivel 6: refinamiento.

La tecnología es percibida como un proceso o producto para la solución de problemas reales y complejos. Los estudiantes tienen fácil acceso y una comprensión completa de una amplia gama de herramientas TIC para realizar cualquier tarea.

Esta diversidad de niveles describe las formas en que se pueden integrar las TIC a la formación, pero al mismo tiempo pone en evidencia el gran desafío que deben asumir los responsables de políticas y quienes gestionan las instituciones educativas. Tomar la decisión acerca del nivel de integración exige la capacidad de evaluar de manera competente la realidad, para que la elección sea viable y pertinente. Los errores que se cometen en esta etapa frustran luego futuras iniciativas e intentos de innovación.

Del *e-learning* al *m-learning*

E-learning hace referencia al uso de tecnologías de Internet junto con una metodología de transmisión de conocimientos y desarrollo de habilidades centradas en el sujeto que realiza un proceso de aprendizaje. El término alude a diferentes tipos de educación a distancia impartida por medio de Internet, desde los cursos de formación continua o formación permanente en el ámbito empresarial, hasta las enseñanzas impartidas en universidades y otros centros de educación superior.

M-learning es la combinación del *e-learning* y de las tecnologías móviles para proporcionar a los estudiantes oportunidades para enriquecer su aprendizaje. En este sentido, el *m-learning* no es un sustituto del *e-learning*, es su complemento.

La historia del *e-learning* nos debe servir para evitar caer en los mismos errores que experimentamos con el *m-learning*. En general, podemos aceptar que la actitud que desencadenó la formación basada en las TIC y el *e-learning* fue la de *"tenemos computadoras, vamos a usarlas para enseñar"*; y, aunque, en principio, esta afirmación era razonable, muchos sufrieron una gran decepción, con cursos extensos y aburridos, profesores desinformados, y la incertidumbre acerca de cómo incluir lo aprendido en una escuela que aún trabajaba con las herramientas tradicionales de formación. Pasó bastante tiempo hasta que la computadora pudo integrarse y mostrar su potencial.

La actitud actual es *"tenemos celulares, hay que usarlos para enseñar"*. Pero, una vez más, debemos ser cautelosos, ya que es muy fácil dejarse seducir por el *m-learning*. Celulares inteligentes y tabletas como el iPad ofrecen un nuevo método de consumir contenidos formativos de forma dinámica y atractiva. Sin embargo, si simplemente damos la posibilidad de *m-learning* a estudiantes que no se encuentran preparados, la experiencia indica que no va a funcionar. Ésta es una de las principales lecciones que aprendimos del *e-learning*: *se debe presentar de forma adecuada y con amplio material didáctico y de calidad, reforzando e incorporando conocimientos entregados por otros métodos.*

Si algo nos ha enseñado el uso de las TIC en la formación, es que la tecnología es sólo un facilitador en el proceso educativo. Puede mejorar el acceso e incrementar su eficacia, rapidez y productividad en lo que se refiere a mecanismos de entrega de información y oportunidades para aprender. Pero debemos respondernos antes: ¿qué lugar ocupan las TIC en el Proyecto Educativo de la Institución?; ¿qué formatos educativos prefieren los alumnos?; ¿qué conocimientos digitales traen?; ¿qué motivación tienen para adquirir esa formación? y ¿cómo puede la tecnología ayudarlos en ese proceso?

Luego de tener claros los "qué", buscar que la nueva tecnología sea:

a. **Fácil de utilizar.** Una aplicación que sea compleja o no guarde relación directa con el entorno será rápidamente abandonada.

b. **Participativa.** La formación eficaz requiere participación. Debemos recordar que el *e-learning* empezó a ganar seguidores cuando incorporó video, y mucho más lo será la posibilidad que da el *m-learning* al permitir llevarlo en el bolsillo. Si a esto le sumamos las redes sociales, la motivación necesaria para incluir con éxito estas tecnologías interactivas está asegurada.

El aprendizaje móvil en acción

El *m-learning* es un concepto nuevo en el ámbito pedagógico, ya que, entre 2002 y 2006, comenzaron a aparecer estudios que indican que las tecnologías que soportan el aprendizaje móvil se estaban expandiendo y comenzaban a ser comunes en una gran variedad de ámbitos de aprendizaje. Así, esta forma de aprender se genera cuando extraemos todo el potencial de los dispositivos móviles, transformando cualquier lugar en un espacio para adquirir conocimientos. La educación móvil agrega elementos únicos al aprendizaje, permitiendo el desarrollo de experiencias centradas en el estudiante.

Las posibilidades educativas van desde situaciones sencillas de carácter comportamental, realización de grabaciones de video y audio aplicadas a un contenido educativo (pudiendo difundir luego este contenido a través de las actuales redes sociales), hasta aplicaciones más complejas y específicas, como pueden ser los actuales diccionarios, traductores o conversores de unidades de medida que ya incluyen muchos celulares. Tal vez la mayor motivación para los alumnos y los docentes sea que permite abrir la educación a todos los aspectos de la vida y unir los diferentes contextos educativos: formal, no formal e informal.

Los profesionales de la educación necesitan poder comprender paulatinamente qué será posible aplicar de los recursos disponibles de la telefonía móvil a su práctica pedagógica y qué deberá ser cambiado o adaptado para conseguir incorporar y explotar del mejor modo esos recursos. Es un proceso necesario y precisa un cierto tiempo, incluso de experimentaciones, ya que, en la formación del educador, el uso de recursos de las TIC no ha sido tratado adecuadamente en la formación inicial, y menos actualizada en sus prácticas pedagógicas.

Durante 2003, se investigaron la formación y la instrucción de profesores finlandeses que utilizaban la tecnología móvil en el aula. Una de las primeras ideas fue que, si el 98 por ciento de los estudiantes universitarios de Finlandia era propietario de celulares, la educación móvil era posible. En el estudio utilizaron SMS (mensajes de texto cortos) e imágenes, que almacenaron en un servidor central. Los alumnos podían descargar el material en cualquier momento, para su revisión y estudio. Los profesores consideraron, como segunda característica ventajosa, la posibilidad de tomar notas en cualquier momento y la capacidad para trabajar los contenidos durante el tiempo que diariamente dedicaban al desplazamiento en tren, autobús, etc. La conclusión fue que el *m-learning* poseía gran cantidad de ventajas, y que la nueva tecnología tenía un lugar asegurado en los futuros modelos de enseñanza.

En *Japón* se usa habitualmente la navegación web a través de teléfonos móviles, PDA y otros dispositivos portátiles, y la población está acostumbrada a ello. En un estudio realizado en 2005, los investigadores Thornton y Houser evaluaron los resultados de aprendizaje alcanzados sobre el material de clase, usando celulares. Los resultados fueron reveladores, ya que se observaron mejoras en las puntuaciones de entre un 35 y un 75 por ciento, con respecto a los mismos materiales en papel.

Los investigadores señalaron que las conexiones web y las tarifas de acceso desde los celulares en Japón son habituales y de bajo costo, lo que permite que la distribución de material educativo a través de ellos sea un proceso relativamente fácil. Concluyeron que la interactividad que permiten, para acercarse al contenido y compartirlo, aparece como un método de enseñanza superior en comparación con las páginas web tradicionales.

Estas convicciones sobre el uso educativo de la comunicación móvil lleva a que, en abril del 2007, se inaugure en Japón la Cyber University, donde todas sus materias se realizan por Internet, incluidas las que pueden cursarse vía teléfono celular.

En numerosos artículos sobre las posibilidades de los dispositivos móviles, los autores destacan cómo, después de un período inicial de formación y aclimatación, los estudiantes manifiestan que pueden escuchar las materias en el momento que deseen y valoran mucho el hecho de que la información está disponible aun cuando están lejos de sus lugares físicos de estudio o trabajo.

En Carolina del Norte (EE. UU.), se debate sobre los efectos del celular en los exámenes de álgebra, en el caso de alumnos de bajos recursos. A partir del caso en el que los estudiantes filman la resolución de problemas matemáticos y luego difunden el video en su red social, un 25 por ciento de ellos mejoraron en sus evaluaciones. En el mismo sentido, se analiza la conveniencia del uso de cámaras fotográficas y grabadoras incorporadas al celular, para explicar trabajos en grupo o para utilizar en las exposiciones orales, que una vez registradas son enviadas al archivo del profesor para su calificación.

Recientemente, en los *EE. UU.*, alumnos de diferentes escuelas de la ciudad de Austin, Chicago y Boston tienen clases de biología, matemática, química, ciencias y estadística a través de sus teléfonos celulares. Son actividades denominadas "de simulaciones participativas", donde estudiantes reciben un contenido del profesor a través del teléfono móvil y pasan a interactuar con él, enviando en seguida a los colegas sus intervenciones.

Una de las experiencias masivas puede observarse en el servicio Kantoo for All, lanzado recientemente por Movistar en *Perú*, a partir del cual los usuarios pueden practicar inglés a través de mensajes de texto interactivos, sin importar el lugar en el que se encuentren y a bajo costo. Este servicio marca el primer paso para el desarrollo de la educación móvil a través de celulares en esta nación andina.

Una propuesta similar es el Proyecto *BBC Janala* ("ventana"). Esta iniciativa aprovecha la tecnología multimedia para ofrecer una manera de aprender inglés a millones de personas en la comunidad de Bangladesh, a través de celulares, Internet y televisión. Su fecha de inicio fue noviembre de 2009 y, un mes después del lanzamiento, ya se habían realizado más de 750 mil llamadas con el servicio de telefonía móvil.

En Bangladesh, existen más de 50 millones de usuarios de celulares, y el número va en aumento. Al marcar "3000", cualquier usuario puede tener acceso a cientos de lecciones; el contenido se actualiza semanalmente y provee a todos los niveles de experiencia con "inglés básico" para principiantes, "Pronunciación" para los intermediarios y "Vocabulario en las noticias" para los más avanzados.

Para hacer que las clases sean económicas, la BBC Janala se unió a los seis operadores de telefonía móvil de Bangladesh que accedieron a reducir el costo de las llamadas al servicio hasta en un 75 por ciento. (Ver video en http://youtu.be/6nWVKsPSV4Q).

Otra experiencia educativa de *m-learning* es la realizada en el colegio secundario Rolf Deubelbeiss, de *Suiza*, en el marco del "Handy Project". Participaron 60 alumnos, utilizando sus celulares para la producción de material educativo y un weblog, creado y administrado por el docente. Los estudiantes eligieron libremente la asignatura de mayor interés para cada uno y el formato digital más adecuado para producir microcontenidos, que inicialmente eran registrados en el celular y luego enviados, vía bluetooth, al teléfono del docente, quien los revisaba y enviaba a la computadora, para subirlos al blog del proyecto.

En *Costa Rica*, el Ministerio de Educación está impulsando un proyecto para la evaluación de 18.000 alumnos a través de sus teléfonos celulares, lo que también contemplará un sistema para informar sobre la presencia de docentes y estudiantes. La empresa de telefonía celular Tigo dará soporte a la iniciativa como parte de su Programa de Responsabilidad Social. El Programa es una consulta acerca de la calidad educativa, y la plataforma tecnológica permitirá la construcción, la ejecución y el envío de las preguntas y las respuestas mediante los teléfonos celulares. En una etapa posterior, se gestionará que los padres reciban información de la escuela en sus teléfonos celulares.

Una iniciativa similar se llevó a cabo, en el mes de mayo de 2011, en 300 instituciones educativas del *Paraguay*, con estudiantes de primero, segundo y tercer año. En este caso, se tomaron pruebas piloto, utilizando los teléfonos celulares de los estudiantes como herramienta. El objetivo fue recabar información respecto del aprendizaje en el aula (lengua, literatura castellana y matemáticas), y las evaluaciones de carácter diagnóstico no tuvieron influencia en la calificación de los alumnos. Las preguntas se enviaron como mensajes de texto con ítems de selección múltiple. Los alumnos enviaron luego las respuestas, también como mensaje de texto.

En una segunda etapa, las autoridades aplicarán una nueva evaluación para monitorear el avance del aprendizaje y, al finalizar el año lectivo, otra con el propósito de verificar el aprendizaje de los estudiantes en temas específicos del currículo correspondiente al curso.

En *Irlanda*, se está llevando a cabo un proyecto de aprendizaje de la lengua original del país a través de la telefonía móvil. El objetivo es promover el interés de los alumnos por la lengua irlandesa, desarrollar sus habilidades comunicativas e incrementar el uso de las cuatro competencias básicas —lectura, escritura, habla y escucha— en dicha lengua. Para esto, se creó un sistema de contenidos con muchas frases y plantillas basadas en mensajes de texto, que fueron utilizadas por 200 jóvenes. La iniciativa también investigó de qué manera los teléfonos celulares podían servir a los docentes para la evaluación de los estudiantes, y a los estudiantes en su propia autoevaluación, ya que se resolvió que al menos la tercera parte de la evaluación de los aprendizajes se realizaría por ese medio. La tecnología fue provista por teléfonos que usaban llamadas convencionales y aplicaciones SMS, chat, laptops y un software de administración relativamente simple.

La evaluación inicial fue muy positiva, y el proyecto se extenderá a otras estrategias educativas. Los estudiantes mani-festaron un aumento en la motivación, mejoraron sus competencias, y aumentaron su confianza y su autonomía en el aprendizaje.

Chile cuenta con el primer servicio de biblioteca móvil de América Latina, impulsado desde una institución de educación superior, "DuocUC", una fundación educacional chilena creada por la Pontificia Universidad Católica de Chile. Los servicios que ofrece son: buscador (de libros, revistas, videos, etc.), renovación, reserva, acceso a libros y revistas en texto completo, guías de clases, nuevos libros ingresados a las bibliotecas, etc. Se puede ingresar desde un teléfono celular en: http://m.biblioteca.duoc.cl.

En *Sudáfrica*, se está desarrollando el proyecto Kontax m4lit, una iniciativa de alfabetización orientada a jóvenes, que impulsa el especialista evangelista Steve Vosloo. Consiste en la construcción de una novela interactiva bilingüe (en inglés y xhosa), escrita con teléfonos móviles, para mejorar competencias de lectura y escritura. (Ver www.m4lit.wordpress.com).

Esta nación africana posee otro proyecto similar en la Universidad Tecnológica de Durban (DUT), M-Ubuntu, del que participaron en su fase inicial (2009-2010) 60 profesores y 600 estudiantes. El concepto zulú de "Ubuntu" sería: *Yo soy, porque nosotros somos*, un significativo mensaje para proyectos de construcción colaborativa de conocimiento comunitario. DUT es la primera institución de educación superior en el país que buscó deliberadamente la idea del aprendizaje móvil a través del proyecto M-Ubuntu. (Ver http://www.m-ubuntu.org).

En *España*, un innovador proyecto es el que gestiona el Museo de Arte e Historia de Zarautz (Gipuzkoa). Con el nombre de "Aprendizaje del patrimonio", se propone una experiencia de innovación educativa basada en la integración curricular del *m-learning* para la enseñanza-aprendizaje del patrimonio y la arqueología del Territorio Menosca. La experiencia educativa parte de la idea de crear contextos significativos y reales donde el aprendizaje sea relevante. Para ello, se considera que el aprendizaje ocurre más eficazmente en un contexto real.

Los programas didácticos o itinerarios están estructurados en tres momentos bien diferenciados: lo que se hace en la escuela antes de realizar la visita al Territorio, la propia visita o salida de campo, y las actividades realizadas de nuevo en la escuela tras la visita realizada y como conclusión de la actividad.

Momentos del aprendizaje móvil

1° **Desde la escuela**, los alumnos empiezan a trabajar los programas didácticos. El programa les exige un uso de Internet y de la computadora desde el comienzo, haciendo búsquedas, recopilando información, elaborando mapas, creando imágenes, y relacionando sus conocimientos previos con el tema de estudio.

2° **Durante la salida de campo**, y gracias a la tecnología móvil, el estudiante desarrolla una serie de actividades que lo llevarán a observar, recoger datos e indagar en el medio, estableciendo relaciones y buscando soluciones, intentando mejorar su comprensión sobre el lugar de estudio. De esta manera, capturan imágenes, consultan mapas, graban sonido y video, y se orientan utilizando un GPS y una agenda electrónica.

3° **Nuevamente en la escuela**, editan y organizar la información recogida para realizar los trabajos de investigación, presentándolos delante de sus compañeros, publicando en la web y utilizando Internet como mecanismo de difusión.

Posibilidad de conexión inalámbrica
mediante infrarojos, bluetooth, wifi o redes de telefonía móvil.
Interesantes posibilidades para el uso de Internet
y el intercambio de información.

Conectividad

Movilidad   **Funcionalidad**

Dispositivos pequeños y
ligeros que se pueden utilizar
tanto dentro del aula como
fuera y en horario escolar
o extraescolar.

Batería de larga duración
y arranque instantáneo.
Capacidad y procesamiento
de memoria de un
ordenador básico.
Interesantes posibilidades
multimedia para la
recopilación de información
en cualquier contexto.

Ventajas principales
como herramienta educativa

PDA - Ordenador de bolsillo

Desventajas principales
como herramienta educativa

Precio   **Funcionalidad**

Dispositivos mas baratos
que un ordenador de mesa pero
todavía caros para posibilitar
una compra generalizada
a nivel escolar.

Dispositivos frágiles y fáciles
de extraviar.
Necesario que el alumno
se responsabilice del cuidado
personal del dispositivo.

Tamaño

Pantalla y teclado de tamaño reducido y más incómodo.
Requiere una adaptación por parte del alumno.

Ventajas de la educación móvil

• Consultar contenidos académicos en video, audio y lecturas.
• Participar en ejercicios interactivos y actividades colaborativas, no sólo en podcasts y lecciones, sino también en tests y juegos didácticos.
• Interactuar con el profesor y los compañeros de clase.
• Presenciar conferencias magistrales.
• Recibir información relacionada con sus calificaciones, fechas de examen y entrega de actividades.
• Mayor flexibilidad para el acceso de contenidos educativos, al facilitar el aprendizaje en cualquier momento y desde cualquier lugar, a través de dispositivos electrónicos móviles.
• Personalización de experiencias de aprendizaje, al permitirle al alumno escoger el dispositivo, el lugar y el tiempo que mejor se adapten a su ritmo de vida.
• Aprendizaje significativo, a través del diseño de ambientes instruccionales que propicien experiencias de acuerdo con la realidad del alumno.
• Desarrollo y fortalecimiento de habilidades profesionales. Además del contenido educativo, se adquieren otras habilidades, como uso de tecnología de punta, comunicación efectiva, trabajo en equipo y búsqueda de información.
• Mayor efectividad del aprendizaje al promover una atención activa por períodos más largos.

Algunas limitaciones a resolver

Junto con las limitaciones relacionadas con el precio de los celulares, su fragilidad, las posibilidades de extraviarlo y el escaso tamaño de la pantalla y el teclado, uno de los principales obstáculos a afrontar es la conectividad a Internet. Las nuevas generaciones de celulares ya poseen acceso a redes wifi, permitiendo un acceso sin restricciones a los contenidos *online* y lograr niveles de interactividad de forma descentralizada. Pero los dispositivos móviles que todavía no poseen esta funcionalidad deben conectarse a Internet con un alto costo (cada empresa establece un valor por kb descargado), siendo también mucho más lenta la carga de las páginas. Esto reduce notablemente la cantidad de usuarios potenciales para acceder al *m-learning*, especialmente en Latinoamérica.

Analfabetos y violentos digitales

El tratamiento de la información y la competencia digital implican ser una persona autónoma, eficaz, responsable, crítica y reflexiva, al seleccionar, tratar y utilizar la información, así como sus fuentes y soportes. Esta competencia supone también el dominio de los lenguajes específicos básicos que permitan comunicar la información, y comporta hacer uso habitual de los recursos tecnológicos para resolver problemas reales de un modo eficiente.

Aun conociendo las grandes ventajas que aporta el aprendizaje móvil, muchos sistemas educativos insisten en su control o su prohibición. El motivo no está en los beneficios que aporta, sino en la conducta de los alumnos. Existen evidencias de que, cuando se usa de forma desordenada, con improvisación, sin guías, puede generar indisciplina y violencia en el ámbito escolar, afectando el proceso educativo, que es justamente el que se quiere mejorar.

Japón, una nación en la que el 60 por ciento de los menores de 13 años utilizan celulares en la escuela, pide a los fabricantes que ofrezcan unidades que incluyan sólo capacidad de telefonía y GPS para poder ubicar a los niños. Sin embargo, a pesar de la insistencia en estos celulares "seguros", muchos consideran que, más que limitar la tecnología, se los debe educar en la responsabilidad y generar normas para su uso, no sólo en la escuela.

Lamentablemente, los últimos años, junto con la expansión de las TIC y la facilidad de acceso por parte de niños y adolescentes, han mostrado que, ante la lejanía de los adultos, ellos pueden también utilizar irresponsablemente los distintos dispositivos digitales.

De manera similar a la muestra aplicada a más de 6.000 alumnos de 7 provincias argentinas (*Observatorio de la Convivencia Escolar,* UCA, 2007), las respuestas que surgen de un nuevo estudio realizado a más de 9.300 alumnos en la provincia de Mendoza (UCA-DGE, 2011) mostraron que la violencia "cara a cara" dentro del ámbito escolar puede continuar luego a través de las nuevas pantallas, como ciberviolencia, utilizando el correo electrónico, las redes sociales o los mensajes de texto.

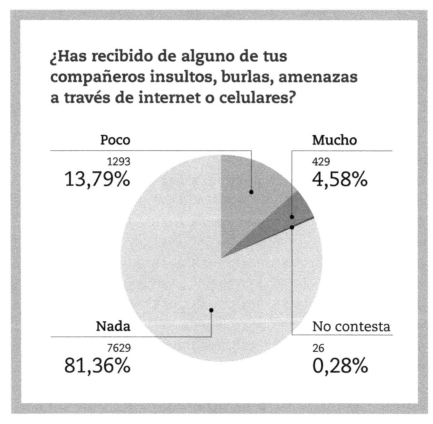

¿Has recibido de alguno de tus compañeros insultos, burlas, amenazas a través de internet o celulares?

Poco	Mucho
1293	429
13,79%	**4,58%**

Nada	No contesta
7629	26
81,36%	**0,28%**

Observatorio de la Convivencia Escolar (UCA) 2011

En consecuencia, no es sólo adquirir la competencia digital, sino que su potencialidad y el anonimato que permiten obligan a que también se incluyan el respeto de las normas de conducta acordadas socialmente para regular el uso de la información, así como la capacidad de valorar responsablemente el daño que pueden causar en la sociedad en general y en las personas en particular.

Claves para educar en celulares

- *Conoce las necesidades o no de posesión de celulares en el aula.* Muchas escuelas poseen ya normas que prohíben la entrada de celulares en el aula. *Para ello es bueno no sólo explicar la norma, sino también aportar otras posibilidades de comunicación telefónica.* Habitualmente, en toda escuela existe un teléfono fijo en portería o bedelía, disponible para que tanto padres como alumnos puedan comunicarse. Es importante hacérselo saber a los estudiantes, pero también a sus padres, que en ocasiones los llevan a clase con el celular para poder comunicarse con ellos si fuese necesario. Las reuniones para padres es un buen momento para comunicarlo.

- *Atender los porqués de los alumnos.* Algunos chicos utilizan el celular por una determinada necesidad. Cada persona y cada familia es diferente y, por lo tanto, posee necesidades distintas. Es importante *entender estas excepciones en el aula, siempre bajo el prisma de los padres.* No obstante, es importante también que el celular se mantenga apagado durante las clases, para no distraer la atención de lo verdaderamente importante.

– *Educar con el ejemplo.* Los niños son imitadores por naturaleza, y los adolescentes, algo rebeldes por sí mismos. Teniendo en cuenta estas variables, es necesario practicar las mismas normas que ellos dentro del aula. Si ellos no pueden tener celular, su profesor tampoco debería tenerlo. Del mismo modo, si existe algún motivo por el que tenga que utilizarlo, siempre habrá que explicar a qué se debe: una urgencia, por ejemplo.

– *¿Cómo educar en el buen uso?* Aunque no existe una asignatura propia de educación en las nuevas tecnologías, existen determinados momentos en los que se puede afrontar dicha materia: en las tutorías, en las reuniones o talleres especiales, al hilo de la explicación de los inventos de Bell...

– *¿Se puede aprovechar el celular para las asignaturas?* Es un debate eterno pero, al ser reciente, tenemos muchas posibilidades a las que mirar. Si pensamos en los servicios de un celular, podemos ver algunas pistas: video, foto, bluetooth, Internet... Quizá podemos crear un video con la cámara del celular para presentar un trabajo sobre la ciudad; o realizar fotos para ilustrar sus actividades. Además, será la excusa perfecta para que utilicen correctamente todos los servicios del celular.

(Universidad de Navarra, España)

Conectados en el 2033

Cuando se les preguntó sobre el año 2033, la mayoría de los *nativos digitales* encuestados imaginaron un futuro en el cual los avances en los celulares y la tecnología tendrán un impacto positivo en la conectividad con otros individuos, el acceso a las noticias y la información, y la seguridad de las personas y los bienes.

Para los jóvenes de Corea del Sur y Brasil, el celular impactará positivamente la "conectividad" (48 y 69 por ciento, respectivamente), mientras que en los EE. UU., la categoría más elegida es el "acceso a las noticias e información" (79 por ciento), y en China, es la "seguridad de los bienes y las personas" (68 por ciento).

Durante su 25 aniversario, la empresa Motorola designó a 31 diseñadores para pensar cómo sería el "Motorola 2033". Los resultados fueron conceptos que combinan tecnología, futurología y ciencia ficción.

El concepto que apareció en la mayoría de los proyectos fue la idea de "vivir conectado", ya que no habría un software para comunicarse, sino que las interfaces virtuales convivirían con las humanas.

Para conseguir esta permanente conexión, se podrían utilizar:

• una prótesis que se coloca entre los ojos y sobre la nariz y que proyecta imágenes y avatares en el campo de la visión;
• un dispositivo que, suspendido en el aire, flota detrás del usuario, interpretando sus gestos y siguiendo un comando de voz para permitir la comunicación, a la vez que alerta de potenciales peligros;
• una hoja electrónica, que puede ser moldeada en diferentes dispositivos: teléfono, grabador, cámara, etc.;
• una tarjeta similar a lo que puede ser una de identificación, que cambie a distintos tipos de dispositivos móviles;
• finalmente, la tendencia que más avanza sería la de un dispositivo móvil usable a modo, por ejemplo, de una pulsera o un reloj.

¿Conectados o comunicados?

"Este nuevo modo de concebir los vínculos sociales,
sean éstos de parentesco, pareja o relaciones, tienen como
características la fragilidad y la transitoriedad de los mismos.
Su lugar ha sido ocupado por las conexiones y las redes,
que implican el descompromiso; en una red conectarse
y desconectarse son elecciones igualmente justificadas;
las conexiones son relaciones virtuales,
de fácil acceso y salida"
(ZYGMUNT BAUMAN, 2005).

En esta sociedad que estamos construyendo, con habitantes activos e informados, necesitamos ciudadanos que sepan defender sus derechos, y eso, como dice Beatriz Busaniche en *Las trampas ocultas de la sociedad de la información* (2006), *"no se logra con computadoras y conectividad, se logra antes que nada con educación"*.

En consecuencia, podemos no hacer nada y continuar con el mismo modelo educativo; intentar añadir algunos "detalles" e, incorporando tímidamente las TIC, "hacer como si", pero finalmente tampoco cambiar nada; o podemos buscar, a través de aquellos desafíos pendientes, como son la alfabetización emocional y la incorporación racional de las TIC, dejar de avergonzarnos al hablar de calidad educativa.

Hay un tercer desafío: los docentes que deberán producir ese cambio junto con las familias. Comunicados, no sólo conectados.

Otros proyectos

From E-learning to M-learning (1999-2002)
(http://learning.ericsson.net/mlearning2/project_one/index.html)
Este proyecto es dirigido por Ericson Education Ireland, que desarrolla cursos para teléfonos móviles, smartphones y PDA. Abordó por primera vez el problema pedagógico del desa-

rrollo de aprendizaje móvil en PDA, realizando ambientes didácticos confortables por medio de Microsoft Reader Works.

Mobile Learning:
The Next Generation of Learning (2000-2006)
(http://learning.ericsson.net/mlearning2/documentation.shtml)
Proyecto dirigido por Ericson Education Ireland. La principal actividad el proyecto fue colocar los cursos de aprendizaje en smartphones.

IST M-learning Project (2002-2004)
(www.m-learning.org)
Fue desarrollado por la agencia Learning and Skills Development Agency (LSDA), del Reino Unido. Proyecto de investigación europeo con una importante dimensión social, que trata de motivar y cubrir los rezagos educativos de jóvenes de entre 16 y 20 años que se encontraban desempleados, ofreciéndoles cursos sobre teléfonos móviles en el campo de la literatura, la aritmética y las relaciones sociales.

MOBIlearn (2001-2005)
(www.mobilearn.org)
Es un proyecto formado por 24 socios de distintas instituciones de países europeos, Israel, Suiza, EE. UU. y Australia. Financiado con 6 millones de euros, sus objetivos principales fueron la definición de modelos de soporte teóricos y validaciones empíricas para la efectiva enseñanza, aprendizaje y tutorización en ambientes móviles, el diseño instruccional y el desarrollo de contenidos, el desarrollo de una arquitectura referencial para aprendizaje móvil, entre otros.

Eduinnova (1997-...)
(www.eduinnova.com)
Este proyecto nació en la Pontificia Universidad Católica de Chile, para transferir el trabajo de investigación y desarrollo

al ámbito educativo mediante el uso de tecnologías móviles en el aula, para apoyar el proceso de instrucción, la evaluación de los contenidos incluidos en el currículo escolar y el papel del docente en relación con la gestión del aula. Actualmente es incorporado en el ámbito educativo de varios países de Sudamérica, como Chile, Brasil, Argentina. Es un proyecto a tener en cuenta por los importantes logros conseguidos.

Edumóvil

(http://mixtli.utm.mx/~resdi/Edumovil.pdf)

Es una iniciativa que surge a finales del 2003 para auxiliar el proceso de enseñanza-aprendizaje de los niños de nivel primario. Su objetivo es lograr que el niño comprenda, a través de juegos en dispositivos móviles, temas en los que presente dificultad de aprendizaje.

MoLeNET

(http://www.molenet.org.uk/)

Es uno de los proyectos más importantes del Reino Unido. 115 colegios y 29 escuelas están implicados en él. Aproximadamente 10.000 alumnos participaron en 2007-2008, y cerca de 20.000 estudiantes han participado a fines del año académico 2008-2009, junto con más de 4.000 funcionarios. Incluye multitud de proyectos, asociados al LSN's Technology Enhanced Learning Research Centre del Reino Unido, que abarcan ámbitos como: la investigación en el impacto del m-learning en la retención, el rendimiento y la progresión académica, el impacto en la enseñanza y el aprendizaje, o la investigación en tecnología y métodos pedagógicos.

Dmovil

(http://dmovil.cc.uah.es/DMovil)

Infraestructura para promoción, creación y distribución de contenidos info-educativos y juegos de calidad sobre tecnologías móviles. Proyecto español, en el que interviene la Universidad de Alcalá y es subvencionado por el Plan Avanza, que tiene como objetivos desarrollar contenidos digitales para el diseño y la implementación de juegos para terminales móviles, y crear una infraestructura tecnológica necesaria para promocionar el uso y el acceso a los contenidos digitales desarrollados.

Instituciones

Universidad de Birmingham.
Es designada en 2003 como el Centro Europeo de Microsoft de referencia para la investigación en aprendizaje móvil.

Universidad de Nottingham.
Mike Sharples es referente de la investigación en el campo del aprendizaje móvil.

LSN's Technology Enhanced Learning Research Centre.
Centro de investigación del Reino Unido sobre tecnologías para la mejora del aprendizaje. Jill Atewell es su directora, también referente en la investigación del campo del aprendizaje móvil.

Emobility (http://www.emobility.eu.org).
Plataforma europea integrada por las principales empresas de comunicaciones móviles, desarrolladores de software para móviles, centros de investigación, universidades, etc.; con el objetivo de garantizar el desarrollo y el éxito de las comunicaciones móviles europeas. Es una red europea de referencia para el desarrollo de programas innovadores.

International Association for Mobile Learning (IAMLearn) (http://mlearning.noe-kaleidoscope.org).
Asociación Internacional de aprendizaje móvil.

Leonardo Programme in UK (http://www.leonardo.org.uk).
Programa de financiación europeo para la mejora del aprendizaje y las buenas prácticas.

Universidad de Purdue
(http://www.e-games.tech.purdue.edu/mobileGames.asp).
Instituto Tecnológico de Massachusetts (MIT).
(http://education.mit.edu/drupal/ar/projects).

"Mi celular"

En la Argentina, la mitad de los niños de 9 años posee celular, y este número aumenta al 89 por ciento entre los jóvenes de 10 a 18 años, superando a los demás países consultados. El 54 por ciento obtuvo su teléfono móvil antes de los 12 años.

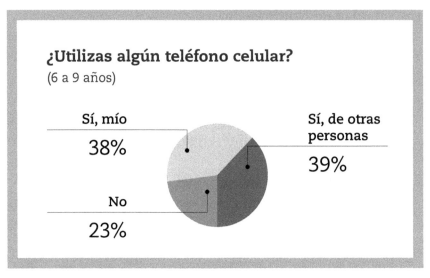

Encuesta *La generación interactiva en Iberoamérca*. Respuestas a la pregunta n° 10: ¿Utilizas algín teléfono celular? N°: 314 escolares de 6 a 9 años

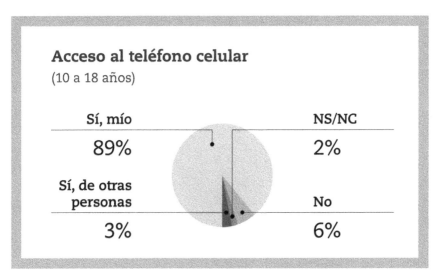

Acceso al teléfono celular
(10 a 18 años)

Sí, mío		NS/NC
89%		2%

Sí, de otras personas		No
3%		6%

Encuesta *La generación interactiva en Iberoamérca*.
Elaboración propia a partir de la pregunta n° 31: ¿Quién paga el gasto de tu celular?
N°: 1970 escolares de 10 a 18 años

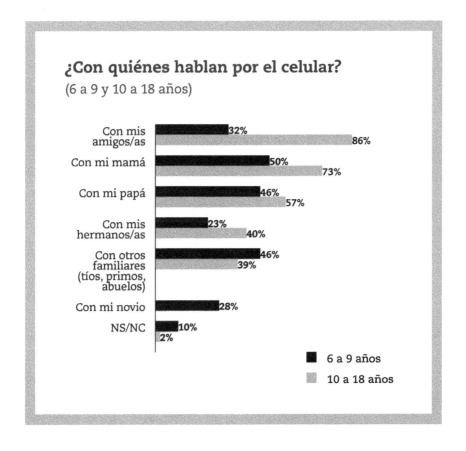

¿Con quiénes hablan por el celular?
(6 a 9 y 10 a 18 años)

Con mis amigos/as: 32% / 86%
Con mi mamá: 50% / 73%
Con mi papá: 46% / 57%
Con mis hermanos/as: 23% / 40%
Con otros familiares (tíos, primos, abuelos): 46% / 39%
Con mi novio: 28%
NS/NC: 10% / 2%

■ 6 a 9 años
▨ 10 a 18 años

Educación

¡Argentina, a estudiar!

*"Imagine un sistema educativo en el que los niños
no comienzan la escuela hasta los 7 años,
que gasta apenas 5.000 dólares por estudiante,
que no tiene programas especiales para niños superdotados
y en el que el número de alumnos por clase
se acerca a menudo a los 30.
Una receta para el fracaso, a juicio de muchos expertos; pero
en este caso es una descripción de las escuelas
de Finlandia, que recientemente fueron clasificadas
entre las mejores del mundo"*
International Herald Tribune (9 ABRIL 2004).

Educación de calidad, para todos

En la actualidad, si ponemos como eje aspectos que hacen a la transmisión de conocimientos, la mayoría de los pedagogos de los distintos países conocen las últimas teorías y las características de los sistemas educativos que hacen exitosa la enseñanza. Hasta aquellas naciones con escasos recursos tienen la asistencia de organismos internaciones (sobre todo, brindando orientaciones y, en algunos casos, ayuda material, pero siempre insuficiente) y buscan que se llegue al 2015 con las menores tasas de analfabetismo posible. Para esto, el Foro Mundial sobre la Educación para Todos, celebrado el año 2000 en Dakar

(Senegal), se propuso 6 objetivos; pero estos se van cumpliendo muy lentamente y de manera irregular en los distintos países. Sus metas son:

1. Extender y mejorar la atención y la educación de la primera infancia.
2. Velar por que, de aquí a 2015, todos los niños tengan acceso a una enseñanza primaria gratuita y obligatoria de calidad.
3. Velar por el acceso equitativo de los jóvenes y los adultos a programas de aprendizaje y adquisición de competencias para la vida diaria.
4. Aumentar los niveles de alfabetización de los adultos en un 50 por ciento.
5. Suprimir las disparidades entre los sexos en la enseñanza primaria y secundaria en 2005, y en todos los niveles de la educación en 2015.
6. Mejorar la calidad de la educación en todos sus aspectos.

(Foro Mundial sobre la Educación para Todos, Dakar 2000)

El último objetivo, relacionado con la calidad de la educación, se hace más factible de alcanzar cuando se van cumpliendo algunos de los mínimos requerimientos que hacen, por ejemplo, a la atención de la primera infancia y a la posibilidad de acceso y permanencia a la enseñanza. No podemos iniciar un debate coherente por la calidad si no dejamos entrar en la discusión la desnutrición infantil y sus secuelas neurológicas, el lugar de las familias, o transparentamos por qué, del total de alumnos que ingresan a la educación infantil, luego sólo un pequeño porcentaje culmina la educación secundaria.

La calidad es un elemento central de la educación, que termina siendo utilizado con mucha hipocresía. Cuando los niños carecen de maestros formados, material de aprendizaje, tiempo lectivo suficiente e infraestructuras escolares apropiadas, se hace muy difícil comenzar hablando de "educar seres críticos" o de la necesidad de "acceso a las TIC", porque la realidad muestra que muchos están lejos de dominar las competencias básicas.

No hay duda de que los estudios internacionales ofrecen posibilidades interesantes, aunque limitadas, ya que, si bien permiten comparar la situación de un sistema educativo con otros, dan la posibilidad de identificar los principales puntos fuertes y débiles, y estimar el progreso que se produce a lo largo del tiempo, pero sus conclusiones, en cambio, se ven limitadas porque la amplia perspectiva que toman les hace perder detalles significativos. Por esto, los sistemas educativos no deberían quedarse exclusivamente con estos informes, y sí buscar y adoptar instrumentos adecuados para llevar a cabo la gestión de sus recursos y el seguimiento de sus resultados.

Lamentablemente el debate sobre la "educación que queremos" está siempre condicionado por la existencia de dos ejes alrededor de los que se mueven las tendencias mundiales en educación: por una parte, la producción de ciudadanos-trabajadores-consumidores, y por otra, la transformación de la educación en un producto-servicio-negocio que provea beneficios directos. Así, hoy la educación es una variable política a la que se le exige que actúe adecuándose a las necesidades y las exigencias de la economía regional y planetaria, y la calidad se ha convertido en un concepto estratégico en las formulaciones de política educativa en la gran mayoría de países; un concepto en torno al cual se estructura el resto de las políticas educativas.

El interés en la calidad de la educación surge en EE. UU., en 1983, como consecuencia del Informe *A Nation at Risk*, de la Comisión Nacional de la Excelencia en Educación, creada por el entonces presidente Ronald Reagan. El informe señalaba que el estado de la educación en ese país ponía en peligro la competitividad y la integración de la sociedad norteame-ricana y que, por lo tanto, era necesario introducir medidas que provocaran cambios para revertir esa situación. En 1984, las autoridades norteamericanas, conjuntamente con la Organización para la Cooperación para el Desarrollo Económico (OCDE), en una reunión internacional de ministros de Educación, establecieron que la calidad de la educación básica debía transformarse en una tarea prioritaria para los países de la OCDE; lo que generó las acciones correspondientes para vincular la calidad con distintos componentes de la educación, como son el currículo (1985), la dirección escolar (1986), los docentes (1986), la evaluación y la supervisión (1986), que convergen en el informe internacional Escuelas y calidad de la enseñanza (1990) y en el Debate Ministerial sobre Educación y Formación de Calidad para Todos (1992).

Afortunadamente, "no existe una globalización genuina, ya que la globalización está marcada por el localismo de cada país", y por esto el debate que nos debemos por nuestra educación debería ser mucho más profundo que una rápida "consulta" previa a la elaboración de cualquier norma educativa.

Argentina con malas notas

Cada vez que conocemos el lugar que nos corresponde en el ránking internacional de PISA, escuchamos distintos análisis que insisten en que es comprensible a causa de las inadecuadas leyes de educación, la indolencia del gobierno de turno, la desinversión, el "corralito", la desmotivación de los alumnos y de los docentes, el alejamiento de los padres, la ausencia del proverbial esfuerzo que pusimos los que hoy somos adultos, etc.

Ese análisis comparativo, que cada tres años dirige la OCDE, y que en 2009 se realizó en 65 países y abarcó a 470.000 estudiantes, ubicó a la Argentina en el puesto 58. Entre los países de América Latina, sólo superó a Panamá y a Perú en comprensión de lectura. Hace tres años, sobre un total de 58 países, la Argentina ocupaba el sitio 53.

El puntaje va de 0 a 1.000; el promedio obtenido en 2009 por todos los países participantes es de 570 puntos. Los resultados totales para la Argentina fueron de 398 puntos en lectura, 388 en matemática y 401 en ciencia. En tanto, los estudiantes de la "secundaria regular" obtuvieron 439, 421 y 439 puntos respectivamente.

En la edición 2009 de la prueba, participaron 65 países, en su gran mayoría europeos, de América del Norte, algunos de Asia y el Pacífico, nueve de Latinoamérica y el Caribe, y Túnez por África.

En el ranking mundial, Shangái, Corea del Sur, Finlandia, Hong Kong, Singapur y Taiwán obtuvieron las mejores calificaciones. En comprensión de lectura, Chile ocupó el lugar 44, Uruguay el 47, México el 48, Colombia el 52, la Argentina el 58, y luego siguen Panamá y Perú. En matemática, Uruguay fue 47, Chile 49, México, 50, la Argentina 54, Brasil 55, Colombia 56 y Perú 63. Y en ciencia Chile ocupó el lugar 44, Uruguay el 48, México el 50, Brasil el 53, Colombia el 54, la Argentina el 55 y Perú el 63.

El informe apunta que España y la Argentina —que durante el siglo XX lideró en educación en América Latina— se encuentran entre los países que más retrocedieron en materia de educación en la última década, al mismo tiempo que Perú, Chile y Brasil figuran entre los que más progresaron.

Los países asiáticos ocuparon la mayoría de los primeros puestos. La ciudad de Shangái, economía asociada de la OCDE que aparece por primera vez en el estudio, lidera la clasificación de las tres disciplinas.

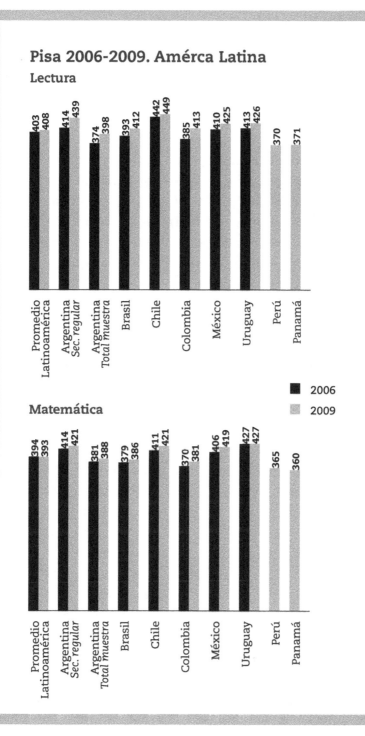

Pisa 2006-2009. Amérca Latina

Lectura

	2006	2009
Promedio Latinoamérica	403	408
Argentina Sec. regular	414	439
Argentina Total muestra	374	398
Brasil	393	412
Chile	442	449
Colombia	385	413
México	410	425
Uruguay	413	426
Perú		370
Panamá		371

■ 2006
▨ 2009

Matemática

	2006	2009
Promedio Latinoamérica	394	393
Argentina Sec. regular	414	421
Argentina Total muestra	381	388
Brasil	379	386
Chile	411	421
Colombia	370	381
México	406	419
Uruguay	427	427
Perú		365
Panamá		360

Reaccionar al desafío

La mala puntuación de Alemania de hace algunos años provocó una revolución tan grande que los políticos se pusieron a trabajar, y en el último informe los estudiantes germanos aprobaron.

Si bien el informe PISA permite orientaciones sobre qué funciona y qué no en educación, el porqué de los buenos o los malos resultados merece un análisis prudente. Por ejemplo, el dinero parece no ser determinante, ya que Australia, que ha triplicado el gasto por alumno desde 1970, no consigue alcanzar a Singapur, que gasta menos que la mayoría de los países. O el caso de Estados Unidos, que se encuentra en el tercio inferior de la clasificación y que, pese a que desde 1980 casi ha doblado el gasto por alumno y bajado el número de alumnos por profesor a un mínimo histórico, mira con envidia a Corea del Sur, que se encuentra entre los cuatro primeros países y ha decidido emprender el camino contrario, doblando las ratios de 17 a 30 alumnos por clase; el dinero ahorrado resultó en salarios más altos para los docentes.

Durante varios decenios, un grupo de países de Asia sudoriental y oriental adoptaron la estrategia de crear una "reserva" de recursos humanos calificados, mayor que la estrictamente necesaria a corto plazo, a fin de atraer las inversiones que requieren una mano de obra experta y estimular así el desarrollo económico. La República de Corea formaba parte de ese grupo. En 1959, ya había logrado escolarizar al 96 por ciento de los niños en primaria. En los tres decenios siguientes, se desarrolló rápidamente la educación, aumentó considerablemente el número de jóvenes y adultos instruidos en el mercado laboral, y el crecimiento económico fue continuo.

En 1980, la prioridad de la República de Corea
en materia de educación pasó de la expansión del
acceso a la enseñanza a la calidad de ésta, y se
concedió mayor importancia al "sentido del futuro
y... de las responsabilidades sociales y morales"
de los alumnos (Kedi, 1979).
Los exámenes de admisión fueron reformados
o suprimidos. Los docentes recibieron una formación
más prolongada e incentivos más importantes,
y se mejoraron las instalaciones escolares.
Una infraestructura nacional de institutos de
investigación sirvió para orientar este proceso
de reforma, y se estableció un impuesto de educación
para financiarlo. Durante los años noventa, esas
iniciativas se consolidaron, y este proceso fue
respaldado con la creación de órganos consultivos
que trascendían los regímenes políticos
y trataban de garantizar una continuidad
de las políticas de educación.

Informe de seguimiento de la EPT en el mundo, *El imperativo de la calidad*
(UNESCO, 2005)

Si arriesgamos como gran objetivo para mejorar la educación el incremento de las horas de clase, los chicos finlandeses que puntúan entre los primeros en lectura y en ciencias, y se posicionan segundos en matemáticas, nos confesarían que no están todo el día frente a los libros; de hecho, tienen menos horas de clase que sus iguales de otros países.

La disparidad en el aprovechamiento escolar
de los alumnos en Finlandia es muy reducida, al igual
que la influencia del origen social en los resultados.
Ese es el objetivo que deseaba alcanzar Finlandia
al invertir considerablemente y durante muchos
decenios en el desarrollo humano, con miras
a alcanzar la igualdad de oportunidades
y la integración. Luego de la crisis económica
por la que atravesó Finlandia en el decenio de 1990,
tras el derrumbamiento de la Unión Soviética, optó
deliberadamente por una estrategia de recuperación
basada en los conocimientos, pero no estaba
en condiciones de realizar grandes inversiones en
la educación. El 5,8 por ciento del PIB que invierte
actualmente en este sector es apenas superior
al promedio de la OCDE y netamente inferior
a los estándares escandinavos. La combinación
de un alto rendimiento del sistema educativo y un
gasto moderado ha hecho de Finlandia un punto
de referencia interesante para muchos países.
La selección para acceder a la formación docente
es muy estricta. Cada profesor debe poseer un título
universitario en dos disciplinas. Otros factores que,
por lo visto, explican los excelentes resultados
de Finlandia en la encuesta del PISA son los métodos
pedagógicos globales, los centros de interés
de los alumnos y sus actividades recreativas,
la estructura del sistema educativo, las prácticas
escolares y la cultura finlandesa.

Informe de seguimiento de la EPT en el mundo, *El imperativo de la calidad*
(UNESCO, 2005)

Podemos encontrar rasgos comunes en los países que encabezan los informes PISA: contratan a los mejores profesores y les sacan el máximo provecho, existe continuidad en las políticas educativas, el nivel de compromiso público con la educación es elevado, e intervienen rápidamente cuando los resultados de los alumnos empiezan a bajar. Si bien estas características a muchos pueden parecerles de sentido común, no son habitualmente priorizadas en la mayoría de las políticas educativas.

Quién puede dudar que mejores docentes elevarían la calidad de la educación; sin embargo, UNESCO denuncia que muchos gobiernos están contratando actualmente a maestros interinos para ahorrar en los costos y aumentar rápidamente el número de docentes, que además no reciben una formación adecuada y no gozan de condiciones de trabajo apropiadas.

En los países con resultados exitosos, se ha comprobado que existe una gran estima por la profesión docente, una sólida formación inicial y condiciones de admisión relativamente estrictas, un sistema bien desarrollado de formación permanente y mecanismos de aprendizaje mutuo y apoyo a los profesores. Aun cuando exista una escasez de docentes, no se hacen concesiones en cuanto a su calidad.

Según estudios, si se toman alumnos de capacidad media y se los confía a profesores del 20 por ciento mejor valorado del plantel, acaban dentro del 10 por ciento con mejores notas; si se los pone con profesores del 20 por ciento más bajo, terminan entre los de peores notas. Así, Corea del Sur recluta a los profesores de primaria del 5 por ciento de los mejores graduados, y Singapur, como Hong Kong, del 30 por ciento mejor. El secreto no sería únicamente el sueldo, ya que no les ofrecen salarios por encima de la media, mientras que aquellos países donde los profesores cobran más (Alemania, España y Suiza) no se destacan en calidad.

Los países con mejores resultados limitan las plazas en los profesorados a la demanda real de docentes, y gastan mucho más en la formación de los que ingresan. Así ocurre, sobre todo, en Finlandia, Singapur o en Corea del Sur, donde los profesores de primaria deben prepararse durante cuatro años en alguna de las doce universidades con facultad de educación, mientras que los de secundaria que no acceden a esta formación no están bien considerados.

Otra clave consiste en *aprender a ejercer bien la enseñanza*. Los países con mejor calidad facilitan abundante formación práctica y promueven la formación permanente para todos. Así, en Singapur, los nuevos docentes son orientados por un tutor seleccionado entre colegas experimentados, y todos tienen 100 horas anuales para formación. En Finlandia, los profesores se distribuyen en equipos que supervisan mutuamente sus clases y tienen una tarde libre a la semana para preparar juntos las lecciones.

En relación con la *continuidad de las políticas*, la República de Corea, por ejemplo, intentó deliberadamente neutralizar los efectos de los cambios políticos, estableciendo órganos consultivos. En Cuba, la continuidad es inherente al sistema político. Canadá y Finlandia cuentan con sólidas bases de conocimientos sobre la educación en el seno de las instituciones de formación y apoyo a los docentes, lo cual parece impedir a los gobiernos que cambien de orientación con demasiada frecuencia.

También es un rasgo característico de los países con mejores resultados *las estrategias que utilizan cuando las cosas van mal*. Lo primero es detectar los problemas, y para eso se evalúa periódicamente a los alumnos con pruebas estandarizadas, lo que permite monitorear cómo van los procesos en cada escuela y en el sistema completo. Para algunos investigadores, estas evaluaciones no tendrían una correspondencia clara con la calidad, ya que tanto Inglaterra como Gales, con muy bajos resultados, evalúan y hacen públicos los resultados; en cambio, Finlandia ha desechado casi por completo los exámenes nacionales y no publica los resultados de las inspecciones. Pero, cualquiera que sea la manera en que se revelen las deficiencias del sistema, los países destacados *"intervienen pronto y siempre"*.

Finlandia dedica a los alumnos que se quedan atrás en algunas escuelas hasta uno de cada siete docentes; así, uno de cada tres alumnos recibe clases individuales de apoyo. En Singapur se imparten lecciones extras al 20 por ciento de los alumnos más rezagados.

El *elevado compromiso público con la educación* surge de una sólida visión política. La decisión de la República de Corea por convertirse en un país competitivo a nivel mundial y mantener esa posición, la voluntad de Cuba de defender su revolución, la convicción del Canadá de que su fuerza como nación descansa en la diversidad cultural, y el profundo compromiso de Finlandia con el desarrollo humano y la igualdad son elementos que, de distintas formas, han ejercido una influencia considerable en las políticas y en los resultados educativos.

Existe otro elemento que es condicionante de la calidad de los productos educativos y, sin embargo, casi no es tenido en cuenta como indicador de calidad: *el clima social de la escuela*. No medida por los organismos internacionales, la *educación emocional* es la otra gran deuda de la formación, no sólo en nuestro país sino también en la mayoría de los sistemas educativos del mundo. Quienes destacan en ciencias, lengua y matemáticas ven hoy con mucha preocupación cómo la nueva conflictividad de la niñez y la juventud, en todos los ámbitos de encuentro, llega a escalar a situaciones de violencia. A convivir también se aprende, y hoy los hechos muestran que ni la familia ni la escuela dedican un espacio importante a "estar bien con el otro".

Japón confiesa que su sistema educativo atraviesa una profunda crisis. Adolescentes que no van a clase por miedo, escuelas públicas convertidas en campos de batalla, aulas donde reina el desorden absoluto, profesores experimentados que confiesan que los alumnos se han convertido en sus principales enemigos y que no consiguen controlarlos han llevado al ministro de educación a expresar que el problema yace en los profundos cambios que está sufriendo la sociedad japonesa y que los jóvenes, cada vez más individualistas, no aceptan la autoridad.

Hoy, la sociedad japonesa se comienza a preguntar si es realmente necesario que el 90 por ciento de los alumnos ingrese a la universidad. La creencia de que todos deben acceder a los niveles más altos pierde fuerza y está siendo sustituida por la idea de que es preciso dar oportunidad a los estudiantes para desarrollar sus capacidades. Hay quienes temen una disminución de la calidad de la enseñanza, pero otros se animan a expresar que vale la pena pagar ese precio, incluso si este cambio lleva a bajar dos o tres lugares en las puntuaciones internacionales.

Estudios realizados en África y América Latina hacen referencia a los problemas de conducta de los alumnos y los maestros, asegurando que retrasos, ausentismo y deserción escolar son correlatos de los deficientes resultados. Las ventajas socioeconómicas mejoran los resultados, pero los cambios en el clima social de la escuela, la moral y la dedicación de los docentes, la autonomía de las escuelas, las relaciones entre docentes y alumnos, la formación en valores y habilidades sociales, junto con las normas de disciplina y convivencia, tienen un efecto compensatorio que favorece una mayor equidad y beneficia el clima de orden para estudiar.

En América Latina, las escuelas con resultado escolar destacable se caracterizan, al parecer, por lo siguiente:

- Un clima escolar positivo y armónico.
- El clima escolar de estas escuelas se caracteriza por la presencia física de los actores del sistema educativo en la escuela y por el establecimiento de interrelaciones intensas y positivas entre ellos.
- La disciplina es un tema sobre el cual se actúa y se tiene en cuenta.

> – El clima escolar positivo se caracteriza porque
> los alumnos sienten cariño por su escuela
> y asisten con gusto.
> – Se establece una relación significativa
> y de mutua influencia con el entorno.
> – Lo material no pareciera ser condición necesaria
> y suficiente para la existencia de un buen
> clima escolar.

Estudio cualitativo de escuelas con resultados destacables
en siete países latinoamericanos (LLECE, 2002).

¡Argentinos, a estudiar!

Argentina es uno de los países de América Latina al que se le reconoce haber avanzado en su compromiso con la Educación para Todos en el 2015 (Seguimiento EPT, 2008); pero, si no promovemos y comprometemos a las familias; si no demostramos que nos interesa la educación más allá del discurso, otorgándole en el presupuesto lo que se necesita; si no formamos y respetamos a los docentes; si no pensamos, en definitiva, en un proyecto educativo nacional que brinde efectivamente igualdad de oportunidades, es muy difícil que veamos un cambio en próximas evaluaciones.

Si bien la calidad de los aprendizajes depende de muchas variables, lo cierto es que tenemos malas notas y, sabiendo que un sistema educativo exitoso no se construye de la noche a la mañana, es hora de que todos pensemos cómo, a través de la educación, podemos edificar un mejor país.

Rescatando a la generación "ni-ni"

Ante la catarata de cifras que intentan hacer visibles a los jóvenes que abandonan la escuela, a los que no pueden acceder a un trabajo decente y a aquellos que no desean ni estudiar ni trabajar, el sistema educativo se compromete a ofrecerles un modelo "rejuvenecido" de educación secundaria, que deberá primero conquistarlos y luego contenerlos.

El desafío será entonces que, a partir de un nuevo contexto socioeconómico y del reconocimiento de nuevas culturas juveniles, las propuestas formativas que hagamos alcancen para motivarlos a aprender las competencias que les sirvan para construir sus proyectos personales de vida. La tarea no es sencilla, porque estamos abriendo una escuela que debe ser para todos, pero también para la realidad personal, familiar y social de cada uno, y esto ciertamente necesita de mucha innovación.

Ya desde mediados del 2009, la prensa hablaba de "casi un millón de jóvenes" entre 15 y 24 años que no hace nada, de los cuales el 80 por ciento vive en hogares pobres. Según el documento *Propuestas para una política de trabajo decente y productivo para la juventud*, realizado por el Proyecto para la Promoción del Empleo Juvenil en América Latina (Prejal-OIT), en la Argentina viven aproximadamente 6,5 millones de jóvenes menores de 24 años, de los cuales 1,2 millones (19 por ciento) no trabajan ni estudian, y dos de cada tres de los que sí trabajan lo hacen en condiciones informales, con una brecha salarial, en relación con los asalariados formales, superior al 240 por ciento.

Si bien el 57 por ciento de los jóvenes estudia, dos de cada tres abandonan sus estudios por las exigencias laborales, y sólo el 10 por ciento logra estudiar y trabajar.

Los jóvenes que no terminaron el secundario son los más vulnerables. El porcentaje de desempleados jóvenes que provienen de los hogares más pobres es 3,5 veces mayor que el de los hogares con más recursos.

El informe de Prejal asegura que *los jóvenes son los menos beneficiados del crecimiento económico de los últimos años*", no sólo por la alta tasa de desocupación, sino también porque más del 65 por ciento "no goza de los beneficios que otorgan las normas de protección al trabajo".

Un trabajo realizado por la Dirección Nacional de Juventud (Dinaju), dependiente del Ministerio de Desarrollo Social, muestra que seis de cada diez jóvenes son pobres en la Argentina. Son más de 5.500.000 entre 15 y 29 años, y sólo el 37,45 por ciento en esta franja de edad tiene un trabajo.

Un informe de la Organización Iberoamericana de Juventud (OIJ) y la Comisión Económica para América Latina y el Caribe (CEPAL), *Juventud en Iberoamérica: tendencias y urgencias* (2007), destaca una dura realidad: *"La pobreza juvenil aumentó en cinco países, siendo particularmente preocupante lo sucedido con la Argentina y con Venezuela, que presentaron un importante incremento en la incidencia de los jóvenes pobres"*.

La OIT alerta de la elevada desocupación juvenil

GINEBRA (Reuters, 12-08-2010)

– El desempleo juvenil a nivel mundial va camino de alcanzar en 2010 un récord desde la última guerra mundial, según informó el jueves la OIT.
– Poco más del 13 por ciento entre los 15 y 24 años.
– 81 millones de jóvenes en edad laboral no tendrán empleo.

> – En los países en desarrollo, donde vive la mayoría
> de los jóvenes, es más probable que los efectos
> de la incapacidad para encontrar un empleo
> sean mucho más dramáticos.

América Latina (OIT, 2010)

• De un total de 105 millones de jóvenes de América Latina y El Caribe, casi 9 millones estaban desempleados hasta finales del 2009.
• Las conclusiones del informe de la OIT alertan del surgimiento de una "generación perdida" ante el alto nivel de desempleo juvenil a nivel mundial.
• Respecto de los comentarios sobre el informe, el director general sugirió que los gobiernos de países ricos y pobres deberían centrarse en la educación y la capacitación de sus jóvenes, para combatir esta tendencia.

Ante estas cifras, el director de la OIT nos alerta:

> *"La incapacidad de encontrar empleo crea*
> *una sensación de inutilidad e inactividad entre*
> *la gente joven, que puede llevar a un incremento en*
> *la criminalidad, los problemas de salud mental,*
> *la violencia, y el consumo de drogas"* (OIT, 2010).

Los "ni-ni": fuera de todo

Son demasiadas las deudas con los jóvenes que hemos acumulado, y esta situación se extenderá si pensamos la juventud como una etapa en tránsito, valorándolos por lo que serán, sólo futuro, cuando para ellos el mundo está estacionado en el presente.

Nos acostumbramos a repetir "los niños y los jóvenes deben ser nuestra prioridad", pero ellos ya saben que la frase puesta en un discurso no se convertirá necesariamente en acciones concretas. Si a esto le sumamos que los adultos continuamos mostrando nuestra incompetencia para manejar el mundo que nos tocó, es improbable que los jóvenes crean que los incluiremos en proyectos para que ellos comiencen a construir el suyo.

El costo de esta exclusión va mucho más allá de las cifras millonarias que muestran los economistas, porque las derivaciones son también personales, familiares y comunitarias, y no es sencillo valorar su magnitud.

Mientras se transparentan las cifras acerca de cuántos son los jóvenes que no trabajan ni estudian, a qué edades se hace referencia, o se consigue diferenciar a aquellos que no desean hacer nada de quienes "quieren pero no pueden", comenzamos a mirar con preocupación a una generación de jóvenes que va en aumento y a los que algunos países denominan *neet, freeters* y en Iberoamérica, irónicamente, *"ni-ni"*.

Si bien estos términos hacen referencia a quienes realizan trabajos precarios o breves, o sencillamente *"ni* trabajan *ni* estudian", ni buscan capacitarse, en Europa y Japón representan una clase social indiferente, que rechaza el estudio y el trabajo, y es mantenida por sus padres, mientras que en nuestra región estos jóvenes pertenecen a los sectores más pobres y vulnerables.

En Argentina, el 80 por ciento de los jóvenes sin proyectos viven en hogares pobres y sólo el 8 por ciento se encuentran en una mejor situación económica.

Un 68,3 por ciento de los "ni-ni" no finalizó la secundaria, y de estos, un 73 por ciento son mujeres. El embarazo adolescente es el primer factor para quedar fuera de la escuela y el trabajo.

Su edad varía entre los 15 y 34 años según los países, pero poseen algunos elementos comunes: son apáticos, pesimistas, no les interesa opinar ni votar, no creen en los políticos, los sindicatos o en la escuela, y deambulan en nuestras comunidades peligrosamente ociosos. Muchos de estos jóvenes también forman parte de la muy recientemente descubierta y publicitada generación de los bicentenarios latinoamericanos, por la que los distintos gobiernos se empiezan a preguntar: ¿qué educación les daremos?

¿Por qué perseverar en la escuela?

¿Qué ofreció hasta ahora la escuela a los jóvenes y en qué medida respondió a sus condiciones de vida, necesidades y expectativas? Aunque no tenemos por costumbre evaluar el sistema educativo sino a los alumnos, si observamos sólo las cifras de repitencia y abandono, la nota indiscutiblemente será mala. El fracaso de los escolares es un gran fracaso socioeducativo.

Sabemos que los jóvenes abandonan la escuela secundaria no sólo por ser pobres, sino principalmente porque, cuando llegan a la escuela secundaria, ya han caído en un círculo vicioso de repeticiones e inasistencias. Luego, desmotivados y con bajas expectativas, ceden con facilidad a las presiones familiares, económicas o sociales para dejar la escuela en busca de una fantaseada independencia económica.

Actualmente la investigación educativa afirma que la repetición crónica no mejora necesariamente los resultados de un estudiante, sino que incrementa sus posibilidades de abandonar la escuela. Aun así, obstinadamente pensamos en concentrar los esfuerzos en la secundaria, cuando es indispensable un fuerte trabajo preventivo que se inicie en la educación inicial y primaria. Así evitaríamos tratar con situaciones terminales para las cuales cualquier innovación educativa llegaría muy tarde.

Disonancia cognitiva

Los jóvenes no nos creen. Les decimos:

"Educación es empleo": pero perciben que, aun adquiriendo más años de estudio, no logran acceder a la actividad laboral para la que se han preparado o tienen un trabajo precario. En consecuencia, la formula que ellos construyen es "a más educación, no necesariamente se accede al empleo", lo que provoca naturalmente un gran desánimo.

"Información es poder": pero los jóvenes, aun reconociendo que la información es cada vez más fluida y existe gran acceso a ella, continúan observando su escaso poder de decisión.
También han aprendido que, si bien tienen una mayor posibilidad de acceder a bienes simbólicos, existe una extensa brecha para acceder a los bienes materiales.

En la actualidad, grandes pensadores de la realidad, como Canclini, hablan de otros referentes de inclusión, además de los tradicionales educación y empleo. La comunicación también es significativa para los jóvenes, ya que les permite gestionar recursos y elaborar sus proyectos de vida, y esto también es válido para los jóvenes de escasos recursos que logran acceder, a través de la conectividad, a muchos bienes simbólicos.
Aun con toda esta discrepancia entre lo que les decimos y lo que ellos experimentan, lo cierto es que, sin estudio, cada vez habrá menos lugar en la sociedad.

¿Qué les estamos prometiendo?

La vieja secundaria, sobre la que muchos deslizan miradas nostálgicas, estaba pensada sólo para una parte de la población. Era la escuela a la que accedía el 30 por ciento de los jóvenes. Hoy, la nueva secundaria debe ser para todos y necesita transformarse de tal forma que pueda contener a los que están, a los que no desean permanecer, y a los que nunca estuvieron y hoy están invitados a entrar.

Antes hablábamos de *retenerlos*, pero hoy suavizamos el término y utilizamos *contenerlos*. Sin embargo, contener también tiene por sinónimo un verbo que no corresponde utilizar en educación: *sujetar*. Hoy, cuando hablamos de la apremiante necesidad de innovación educativa, no podemos sujetarlos para que aprendan. Una vieja frase nos previene:

"Puedo llevar el caballo al río pero no obligarlo a beber".

Para que esto no ocurra, debemos comprometernos a formar profesores distintos, ya que la anterior educación secundaria se constituyó sobre la base de un modelo de alumno esperable, único, y los docentes se capacitaban para esa característica de alumno.

Así como les advertimos a los jóvenes que su educación es obligatoria, hay que proporcionar una formación integral que les facilite la definición de su proyecto personal de vida. Luego, darles nuestra palabra de que no los dejaremos solos, para lo que se deberán implementar sistemas tutoriales y de auxiliares idóneos para el seguimiento y el apoyo en sus dificultades personales y académicas.

"Te prometemos algo distinto"

La experiencia de las últimas décadas nos ha mostrado una escuela secundaria con un mínimo de innovación y una alarmante crisis de crecimiento. Innovar, para muchos, consiste en incorporar sólo las nuevas tecnologías en la escuela. Sin negar la necesidad de su inclusión, distintos acontecimientos han hecho que la innovación social sea actualmente aun más relevante.

Las innovaciones sociales impactan sobre el sistema de valores, las actitudes y los hábitos de las personas, aspectos que siempre han estado minimizados en las instituciones educativas, mientras la sociedad incrementa su reclamo. Hoy lo social se encuentra desjerarquizado en las aulas, por más que en los contenidos educativos surja, muchas veces descontextualizada, la palabra "ciudadanía".

Algunas experiencias de otros países han tratado de romper los rígidos modelos pedagógicos y han logrado propuestas formativas no sólo originales, sino también con sorprendentes resultados.

Una es la del Colegio Fontán en Medellín, la que ya ha sido analizada por UNESCO. Es una escuela privada que desde sus inicios se constituyó en un centro de investigación sobre psicología del aprendizaje, y luego se convirtió en una escuela innovadora.

Los estudiantes no están en las aulas con sus profesores dictando una materia, ni tampoco se establecen grupos por años; la clave está en que cada estudiante tenga un proyecto educativo personal, en que se respeten sus ritmos de aprendizaje, se desarrollen sus competencias intelectuales, personales, sociales y emocionales, y se exalten sus potencialidades.

Otra propuesta educativa que podemos citar se origina en situaciones sociales más complejas, en el estado de Chiapas, México. Allí, en Guaquitepec, una comunidad *tseltal* ubicada en el municipio de Chilón, donde viven más de dos mil indígenas a medio camino entre las altas montañas del sureste mexicano y las cañadas de la selva Lacandona, nació hace 12 años un novedoso proyecto educativo, cuyo resultado es hoy el Bachillerato Intercultural Bilingüe de Guaquitepec.

Este bachillerato es un internado de carácter semipresencial, pero los alumnos sólo permanecen en las instalaciones una semana al mes. Durante esa semana, su dedicación es exclusiva a las tareas de la escuela, y una vez finalizada, regresan a sus hogares para apoyar a sus familias en las tareas del hogar.

Gracias a esto, la dinámica escolar no rompe la vida en las comunidades, y no obliga a prescindir a las familias del trabajo de uno de sus miembros más allá de una semana al mes. Los chicos se llevan numerosas tareas a sus casas, lo que les permite responsabilizarse de su propio aprendizaje, y esta dinámica no los obliga a tener que elegir entre la escolaridad y el trabajo.

Uno de los principios de este proyecto educativo consiste en alcanzar los conocimientos universales desde una lógica inductiva; así, la vida en comunidad resulta el punto de partida del conocimiento. Por esta razón, una de las prioridades para los equipos de educadores está en subrayar el sentido de pertenencia a la comunidad de los estudiantes y de los contenidos a trabajar, con la intención de que los proyectos que se inicien en el Bachillerato tengan un impacto significativo para los habitantes del entorno.

El Bachillerato de Guaquitepec es una escuela donde el conocimiento parte de la lógica de la tierra. En un mismo día de trabajo, una alumna puede aprender a trabajar el cultivo de café, tomate u hongos, y a la vez navegar en Internet o iniciarse como locutora de la reciente radio escolar.

Estas, como otras experiencias innovadoras, nos dicen que la nueva escuela secundaria tiene hoy el gran desafío no sólo de lograr que los jóvenes regresen voluntariamente al sistema educativo y permanezcan en él, sino que además nos ilusione a todos.

La falta de confianza en este nivel nos hace pensar que transformaciones profundas son improbables; entonces aquí es útil el dicho que afirma: *"Cuando existen convicción y mucho trabajo, lo imposible sólo tarda un poco más"*.

Los jóvenes en el mundo

– El 43,7 por ciento de los desempleados en el mundo son jóvenes, según las Naciones Unidas.

– El 85 por ciento de las nuevas oportunidades laborales pertenecen a la economía informal, según la OIT. Según UN Habitat, un gran porcentaje de jóvenes que subsisten del trabajo informal viven en asentamientos.

– 200 millones de jóvenes viven en la extrema pobreza.

– 130 millones son analfabetos.

– 88 millones están desempleados.

– 10 millones portan el virus del sida, según cifras de la Organización de las Naciones Unidas, que instó a los líderes mundiales a invertir más en la juventud.

La juventud de América Latina (OIT, 2007)

– 48 millones de jóvenes trabajan, de los cuales 31 millones lo hacen en empleos precarios.

– 10 millones están desocupados.

– 22 millones no trabajan ni estudian: 79 por ciento reside en zonas urbanas, y el 72 por ciento son mujeres (el abandono escolar se explica, en muchos casos, por sus mayores dificultades para entrar al mundo del trabajo y porque el trabajo en el hogar es bien visto por la sociedad).

– 13 millones trabajan y estudian.

– 35 millones sólo trabaja.

Las cifras de la juventud argentina

– 5,2 millones de chicos es la población entre los 13 y 19 años, según números oficiales.

- 3,2 millones son los jóvenes adultos
de 20 a 24 años.
- 3,7 millones de alumnos entre
los 13 y 17 años estudian en el secundario.
- 1,3 millones (35 por ciento) entre los 13 y 17 años
se encuentran en "déficit educativo" porque no
asisten a la escuela o repiten, según el Barómetro
de la Deuda Social (UCA). Entre tercero y quinto año,
unos 950 mil alumnos (41 por ciento), se encuentran
en riesgo de no finalizar sus estudios.
- 6 por ciento de los alumnos abandona la escuela,
mientras que en los sectores más desfavorecidos
la cifra es del 30 por ciento.
- 900 mil jóvenes entre los 13 y 19 años
(17 por ciento) *"no trabajan ni estudian"*, según
la Iglesia católica, citando cifras de la CEPAL y la OEI.
La mayoría se concentraría en los barrios
marginales del Gran Buenos Aires.
- 550 mil serían los alumnos entre los 2 y los
17 años que no se encuentran escolarizados, según
el Ministerio de Educación, quien utiliza datos
de la Encuesta Permanente de Hogares (2009)
y de las provincias.
- 600 mil eran los chicos de 13 a 17 años
sin escolarizar según el Censo de Población 2001.
- Según estadísticas del Ministerio de Trabajo
de Argentina, en todo el país hay 1.145.177 jóvenes
de entre 15 y 24 años que están en la inactividad
absoluta: no trabajan, no estudian
y no buscan empleo.

Informe sobre la juventud mundial 2005: los jóvenes hoy y en el 2015
(Departamento de Asuntos Económicos
y Sociales de la ONU).

Educar buenos ciudadanos en una sociedad de transgresores

La democracia para los niños y los adolescentes se asemeja a una vidriera donde ellos observan: cuando los mayores votan y eligen a sus candidatos predilectos, cuando se opina sobre funcionarios y legisladores, cuando quienes nos representan debaten y votan leyes, etc. Pero estas conductas, transmitidas por los medios, no son sólo parte de la dinámica vida ciudadana, sino que también se incorporan a un espectáculo del que los niños y los adolescentes aprenden.

Me reencuentro con una encuesta realizada por UNICEF a fines de los 90 en la Argentina, donde Tenti Fanfani observa que, cuando a los jóvenes y los adolescentes se los interroga directamente acerca de su participación política, los datos indican que se interesa por ella el 36 por ciento, pero participa activamente en este campo sólo una ínfima fracción (2 por ciento). En relación con la identificación con algún partido político o con alguna posición ideológica, un 71 por ciento manifiesta su desinterés. Los porcentajes más elevados corresponden a las respuestas "ninguna" o "no sabe o no contesta". Frente a estos desalentadores datos, los autores de la encuesta expresan: *Los jóvenes deberían comenzar a formarse como ciudadanos para tratar de crear las condiciones de un país mejor. De ahí la necesidad de que los poderes públicos hagan algo que sirva para mejorar esa situación*.

A casi 15 años del estudio y sin otra investigación similar, intuimos que los resultados no pueden haber mejorado, ya que no hemos hecho nada sobre su formación ciudadana (y menos aun desde el ejemplo) para que los jóvenes confíen en las instituciones y los adultos. Podrán estudiar la democracia, pero no tienen espacios ni motivaciones concretas para practicarla.

Perfil del ciudadano

El ciudadano es la persona que vive en una sociedad abierta y democrática. En las sociedades cerradas y autoritarias viven súbditos. Acepta los valores, los principios, la dignidad de todos y los derechos humanos, y participa de la vida política y social. Rechaza el odio y la dialéctica amigo-enemigo y se relaciona con los demás desde la amistad cívica. Es respetuoso con la ley, tolerante, libre de discrepar desde las reglas de juego de la Constitución y desde la aceptación del principio de las mayorías. La condición de ciudadano se fortalece con la educación y es una responsabilidad central del Estado y de la sociedad.

Gregorio Peces-Barba, rector de la Universidad Carlos III de Madrid

Entre la anomia y el desencanto ciudadano

En la mitología griega, Disnomia era hija de Eris (la discordia) y en su actuar era compañera de Adikia (la injusticia), de Ate (la ruina) y de Hibris (la violencia), siendo su espíritu opuesto Eunomia (el orden cívico). Así lo narraba Solón, que describió los grandes males que este espíritu había traído a los atenienses, en contraposición a los beneficios que traerían la legislación y el orden en la ciudad.

Para hacer referencia al quiebre social y cultural a partir del conflicto y la desobediencia a las normas, Durkheim utiliza el término "anomia", creado por él en su estudio sobre el suicidio. Más tarde, Merton hablará de una anomia psicológica, a la que define como el estado de ánimo del individuo cuyas raíces morales se han roto, que ya no tiene normas, sino impulsos desconectados, que no tiene sentido de grupo, de obligación. Este individuo anómico, individualista, que responde sólo ante sí mismo, es ese al que se refiere también Norbert Elias cuando lo describe como el enemigo del ciudadano.

Una encuesta sobre cultura constitucional hecha a solicitud de la Asociación Argentina de Derecho Constitucional, y realizada por el sociólogo Manuel Mora y Araujo entre 1.000 personas, fue publicada por la Universidad Nacional Autónoma de México (UNAM) y reveló que la mayoría de los adultos entrevistados percibe a la Argentina como una sociedad anómica, en la cual las leyes en general y la Constitución en particular no son respetadas por los ciudadanos ni por los dirigentes, y donde el Estado no impone ni garantiza su cumplimiento.

- El 86 por ciento considera que en nuestro país se vive la mayor parte del tiempo al margen de la ley.
- El 77 por ciento de los argentinos conoce poco o nada sobre la Constitución Nacional.
- El 85 por ciento considera que no se respeta su texto ni las leyes.
- Un 88 por ciento opina que los argentinos somos desobedientes y transgresores, aunque la mayoría no se ubica a sí mismo en esa categoría.
- El 74 por ciento de los consultados considera que los principales responsables de violar las normas son los políticos y, en menor medida, los policías, los funcionarios y los jueces.

El desencanto ciudadano se expresa también en que más de la mitad no cree en la Justicia, y en que el 93 por ciento sostiene que el Congreso no piensa en la gente cuando toma decisiones. Por esto, un 63 por ciento admite que no tiene interés alguno en saber lo que discuten los legisladores nacionales (a no ser que se lo entusiasme presentándolo como un gran espectáculo).

Este estudio hace vergonzosamente visible que existe una inmensa brecha entre lo que deseamos ser como sociedad y lo que realmente somos; una gran distancia entre la sociedad, y la Constitución y sus leyes. Por un lado, reclamamos legalidad y líderes respetuosos de las leyes, y por otro, aparecemos como una sociedad que, conociendo la Constitución, no la cumple.

- El 41 por ciento afirma que hay momentos en que es necesario desobedecer la ley.
- El 38 por ciento que, de considerar que tiene razón, está dispuesto a ir en contra de lo que manda la ley.
- Un 23 por ciento no está dispuesto a obedecer una decisión que no le gusta, aunque haya sido adoptada por la mayoría. Esto también explica por qué el 18 por ciento de los entrevistados no considera justo que se aplique la ley "si alguien pasa una luz roja".
- El 60 por ciento opina sin culpa que "no violar la ley no es tan malo, lo malo es que te descubran".

El sociólogo Zygmunt Barman dice, en su libro Modernidad líquida, que la ausencia de valores, o anomia, es lo peor que le puede ocurrir a la gente en su lucha por llevar adelante su vida.

Las normas posibilitan al imposibilitar; expresa categórico que *"si las tropas de la regulación normativa abandonan el campo de batalla de la vida, sólo quedan la duda y el miedo"*.

El politólogo Carlos Nino opina que la anomia no sólo es antidemocrática, sino que también es una de las causas principales de nuestro subdesarrollo. Hoy aceptamos que los comportamientos culturales influyen categóricamente en las estrategias de desarrollo. Una sociedad en la que domina un individualismo extremo, que piensa que el cumplimiento de la ley está reservado a "los otros", o que la responsabilidad es de "los demás", no puede trabajar nunca en la búsqueda de objetivos colectivos.

La Argentina tiene por delante la difícil tarea de conseguir el respeto por las leyes y las normas de convivencia, de rechazar las degradantes relaciones clientelares, y luchar contra la corrupción en todos los niveles y las formas. Las acciones necesarias para posibilitar este cambio cultural no son nada sencillas, porque predominan fuertes inercias que prolongan los comportamientos anómicos del pasado. Ahora bien, el primer paso es sensibilizarse acerca del problema, y luego, pensar seriamente en la formación de quienes nos sucederán como ciudadanos. Si no se toma conciencia de la importancia que tiene respetar la ley, los "modelos" y las estrategias económicas y sociales que se intenten seguirán fracasando.

Irrespetuosos y desconfiados

Quienes más padecen el mal ejemplo adulto y la falta de un proyecto visible, coherente y atractivo son los jóvenes. Ellos, en un porcentaje altísimo, además de ser abandonados por la sociedad y por las autoridades públicas, están sufriendo un abandono aun más traumático: el de sus propios padres. También son ellos quienes con más angustia sufren la falta de un horizonte de oportunidades, y la ausencia de modelos y límites claros para desarrollarse con cierta seguridad. Esta carencia genera reacciones de resentimiento, de violencia y de desacato a una sociedad que los ignora o los teme.

"Sólo cuatro de cada diez alumnos de secundaria terminan la escuela", sentencia la noticia. Los responsables: familias que no valoran la escuela, alumnos y docentes desmotivados, y la lejanía de unas leyes educativas desactualizadas, descontextualizadas y descomprometidas con el futuro. Con la educación de nuestros hijos/alumnos, también centrifugamos las responsabilidades personales y comunitarias, porque, afortunadamente, "el otro es culpable".

La encuesta muestra también nuestro desencuentro:

- El 90 por ciento considera que los argentinos no nos prodigamos respeto unos con otros.
- 4 de cada 10 argentinos no confían en la gente.
- Las principales causas por las que nos sentimos discriminados no son la edad ni el sexo, sino la mejor o peor posición económica de la que gozamos, y el nivel educacional.

Valores y normas

Toda sociedad necesita tener sus normas y leyes, que sean el marco dentro del cual las personas vivimos y nos relacionamos unas con otras. Son normas y leyes que no deben admitir numerosas interpretaciones y deben estar asociadas a una sanción o responsabilidad por su incumplimiento, buscando que cada uno sea responsable de las consecuencias de su conducta.

Las normas y los límites familiares y escolares no son un medio para controlar a los niños o conseguir que obedezcan a los adultos, sino un método que los ayuda a integrarse en la sociedad mostrándoles patrones de conductas socialmente admitidas y, por consiguiente, también las que no lo son. Estos son aprendizajes que exigen intervenciones de los adultos, los que deben ser vistos por los niños como figuras estables de autoridad.

Si bien es común que los límites provoquen resistencias en el niño, también hacen que se sienta protegido, y si se es perseverante en su cumplimiento, hacen que logre afirmar hábitos. Por este motivo, cuando los niños fuerzan los límites, es importante que los adultos se mantengan firmes, ya que, si está claro por qué se debe exigir su cumplimiento, se está educando.

Qué limites fijar y cómo hacerlo es una de las grandes preocupaciones a las que actualmente padres, directivos y docentes nos enfrentamos. No saber cómo responder o dudar si la decisión tomada es correcta genera un sentimiento de ineficacia y de culpabilidad, y en otras circunstancias, respuestas permisivas, agresivas o inadecuadas.

Fijar límites, poner normas y ejercer la autoridad fue una tarea mucho más fácil, con menos complicaciones. Frente a una norma no cumplida, todos sabían que se convertiría en una sanción. Los límites eran los mismos, o muy parecidos, a nivel familiar, escolar y social. Los objetivos de la sociedad coincidían con los de la familia, y esto convertía a cada adulto en autoridad frente a hijos o alumnos. Pero, cuando no funcionaba, aparecían las amenazas y los castigos severos.

La situación ha cambiado, y las relaciones interpersonales dentro de la familia parecen ser más abiertas y cercanas. Pero algo está fallando. Hoy resulta complicado unir, por un lado, el respeto a los sentimientos, el diálogo y el desarrollo de responsabilidades, con el ejercicio de la autoridad y el respeto a las normas, por el otro.

Cuando no existe autoridad, ya sea por abandono, debilidad o cualquier otra causa, se le impide al niño aprender a controlar aquellos impulsos que muchas veces pueden ir contra su propia integridad. Si la familia y la escuela no ponen límites, luego lo hará la sociedad.

La palabra *disciplina* proviene de "discípulo", seguidor de un maestro. Nadie podría considerar a un discípulo siguiendo a un maestro por temor al castigo, sino por convicción personal. Sin duda, preferimos que nuestros hijos o alumnos sigan las reglas porque creen en ellas, y no por miedo al castigo. Si como padres hemos sido capaces de mostrar "lo valioso", ellos cumplirán las normas que protegen los valores, y así será más sencillo que se autodisciplinen.

Generalmente, sólo comunicamos las reglas y la sanción por su falta de cumplimiento, privando al niño la oportunidad de conocer el valor y permitirle que pueda lograr un adecuado autocontrol.

El clima familiar y escolar mejora y educa cuando:

1. Las normas están claramente definidas, los adultos ejercen la autoridad positiva y afectivamente, y se comportan de manera coherente con ellas, permitiendo a los niños participar en su definición.
2. Las faltas graves no quedan impunes, ya que no intervenir se interpreta como un apoyo implícito al comportamiento incorrecto.
3. La disciplina constructiva busca favorecer cambios cognitivos, emocionales y conductuales.
4. El respeto a los límites es acompañado por la enseñanza de conductas alternativas.
5. La disciplina ayuda a ponerse en el lugar de aquellos a los que se les ha hecho daño. Sentir empatía hacia los demás es uno de los motores del desarrollo socioemocional.
6. No se finaliza con el castigo o la sanción, sino que aún se debe reparar, corregir el daño producido.

Frente a tanta evidencia de indisciplina ciudadana y de violencias que aumentan, frente a la violación de las normas y a la impunidad, necesitamos una familia y una escuela que se ocupen de la dimensión emocional personal y social, para empezar a pensar un futuro distinto. Hoy, aprender y querer estar bien con el otro son una enseñanza y un aprendizaje prioritario. Necesitamos políticas que fortalezcan y apoyen a la familia, y normas de educación que encaucen la formación de personas íntegras y una ciudadanía activa.

Junto a los derechos, no debemos olvidar que la convivencia humana lleva determinados límites y deberes para con los demás. El sentido del deber hacia los miembros de la familia, la escuela, el país, y hacia los valores de justicia, libertad y paz, es un sentimiento necesario para ser enseñado desde chicos. Los deberes son la otra cara de los derechos, unos y otros están indisolublemente unidos; pero, en nuestro país, hoy más que nunca y por el bien de todos, apremia que sean ejercitados, y castigado su incumplimiento.

Abandonar la escuela secundaria

El fin de un pasado con alumnos aplicados
y profesores satisfechos

"Es vano, empero, esperar este mejoramiento del
género humano de una reforma paulatina de la escuela.
Estas tienen que transformarse de raíz, si se quiere
que de ellas salga algo bueno, ya que están
viciadas desde su constitución original, y sus mismos
profesores han de recibir una nueva formación.
No es una lenta reforma, sino una rápida revolución,
la que puede conseguir esto. Y para ello se requiere, ni más
ni menos, que una escuela que se organizara de nuevo
desde la base según el método correcto, que fuera regida
por individuos ilustrados, impulsados más por la grandeza
de ánimo que por la obtención de un salario..."
(IMMANUEL KANT, *Pedagogía*, 1803).

Ninguna escuela espera que todos los alumnos dominen los contenidos, pero hay chicos que se apropian con éxito de la cultura enseñada, mientras que otros, en el mismo tiempo, sólo logran un dominio muy parcial.

En el trayecto que va de la integración a la exclusión educativa, se halla un tiempo amplio de escolarización al que pueden acceder y permanecer los estudiantes, pero del que no todos sacan los beneficios formativos básicos; o algunos se hallan en riesgo de no llegar a lograrlos. Cuando esto ocurre, estamos hablando de alumnos en riesgo o vulnerables, que padecen diversas situaciones y condiciones que pueden llevarlos al fracaso escolar.

Ante esto, podemos responder con medidas reactivas o preventivas, cada una con sus propias consecuencias. Quizás algunas de ellas llegan a integrarlos, incluirlos en la educación, porque a través de esas vías alternativas finalmente aprendieron los contenidos. Otras tan sólo consiguen paliar su exclusión, pues no son efectivas para proveerles una inclusión suficiente, completa y satisfactoria. Algunos educadores creen conveniente, en lugar de hablar del fracaso escolar como una categoría ambigua, referirse a viejas y nuevas formas de exclusión educativa.

Éxito escolar, fracaso y abandono de los estudios son expresiones que empleamos para designar trayectorias y resultados de los estudiantes que entran y pasan por las escuelas. Cada una de ellas involucra experiencias y logros diferentes para los que van bien y aprenden satisfactoriamente, y para los que transitan por la escuela a duras penas y no logran aprender lo esperado.

Aquellos alumnos a quienes la escuela les devuelve un juicio de fracaso son descalificados no sólo en sus capacidades cognitivas, sino también en otros aspectos personales y sociales. El fracaso oficialmente certificado hace que el paso hacia otros trayectos de formación quede detenido, y sean afectadas las imágenes y las representaciones de sí mismos como personas y ciudadanos. El fracaso y el abandono tienen rostros, y también consecuencias en el tiempo.

¿Quién fracasa?

No he conocido un solo alumno que desee le vaya mal en los estudios, aunque sus actitudes lo muestren arrojándose a un predecible naufragio. La génesis del fracaso no debe buscarse sólo en la ausencia de esfuerzo o la falta de deseos de superación.

Un estudiante que fracasa, desde luego, algo ha hecho u omitido para llegar a esa situación; pero sería incorrecto e injusto culparlo exclusivamente a él, y no contemplar a otros actores y otras instancias sociales y educativas.

Cuándo un alumno no tiene éxito y abandona la escuela, ¿quién fracasa? En el ámbito educativo actual, no superar los aprendizajes esperados también está indicando que han fracasado otras muchas instituciones y actores: su contexto social y cultural, su familia, las políticas educativas, la escuela y sus profesores. Pero quienes lo sienten en carne propia son sus padres y ellos mismos, a quienes la nota negativa, escolar y personal, termina golpeando como una piedra. Incluso, a quienes, en apariencia, viven el abandono escolar como una liberación.

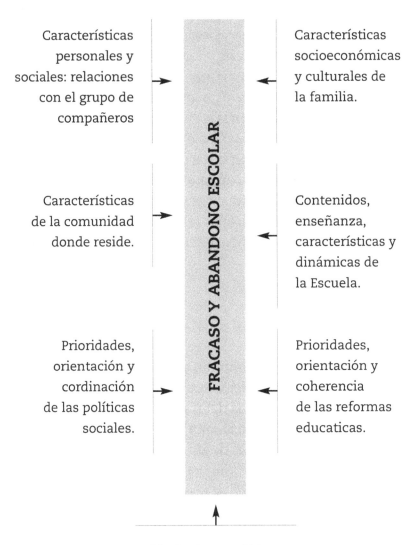

Características personales y sociales: relaciones con el grupo de compañeros

Características socioeconómicas y culturales de la familia.

FRACASO Y ABANDONO ESCOLAR

Características de la comunidad donde reside.

Contenidos, enseñanza, características y dinámicas de la Escuela.

Prioridades, orientación y cordinación de las políticas sociales.

Prioridades, orientación y coherencia de las reformas educaticas.

Ideologías y políticas respecto a la exclusión social y escolar.

Como se observa en el esquema, los alumnos, sus familias y contextos, las escuelas (el currículum, la enseñanza, la evaluación, la tarea de los profesores, la gestión) tienen sus propias responsabilidades. Pero, para comprender el fracaso y el abandono, también hay que extender la mirada hasta involucrar estructuras y factores que se refieren a políticas sociales y políticas educativas, realidades mucho más amplias que corresponden a la exclusión social en sus múltiples manifestaciones.

Tanto el fracaso como el abandono escolar son fenómenos educativos con raíces sociales, personales, institucionales y pedagógicas que expresan un contrasentido. Por un lado, son problemas no exclusivamente personales y escolares que provocan una profunda preocupación social. Por otro, se perciben como una brasa que quema y también frustra a muchos, y que finalmente son aceptados como fatalidades imposibles de erradicar del sistema. Tanto es así que, para algunos, mientras exista la escuela, el orden que la caracteriza y una sociedad que marca sobre ella determinados modelos y parámetros de calidad y exigencia, irremediablemente, estos estigmas la seguirán acompañando.

La sociedad está inquieta, porque nadie duda de que la exclusión y marginación social, la inadaptación, la delincuencia y los problemas que tensan la convivencia posean generalmente vínculos con una escolarización problemática y resultados formativos inadecuados en el desarrollo intelectual, personal y ciudadano. Pero también es evidente que muchos sectores sociales y agentes educativos tienden a mirar hacia otro lado con tal de que a ellos nos les roce.

Fracaso y abandono son fenómenos que se van construyendo en el tiempo. Con toda seguridad, todos y cada uno de ellos tienen su propia historia. No son tan sólo un resultado final e incomprensible, sino la trayectoria acumulativa de distintos elementos y condiciones que lo fueron construyendo, tal vez sin recibir las respuestas pertinentes en los momentos en que ya las estaban reclamando.

Los alumnos en riesgo de abandono escolar pueden presentar las siguientes características:

• No asisten regularmente a clases.
• Desaprueban un número elevado de materias.
• Presentan algunas dificultades de aprendizaje, de atención, o bien necesidades educativas específicas derivadas de situaciones sociales de marginación, deprivación sociocultural, etc.
• Muestran comportamientos inadaptados, transgresión a las normas, violencia, etc.

Fracaso, no asisto, repito y abandono

La tendencia de un alumno a desarrollar fracaso y ausentarse lleva, al final de un proceso, al riesgo de abandono escolar. Evidentemente, si al desinterés por estudiar se suma el bajo rendimiento, es lógico predecir que el alumno termine por autoexcluirse del sistema si la situación persiste, concentrando tal vez sus esfuerzos en conseguir un trabajo que muchos adultos más capacitados no logran obtener.

Podemos partir de la consideración de que el estudiante es el último eslabón en la cadena del fracaso escolar. Antes de desertar, el alumno probablemente haya repetido más de una vez. En consecuencia, para comprender el abandono, se debe analizar más detenidamente la repitencia. Quien repite tiene alrededor de un 20 por ciento más de probabilidades de abandonar el sistema escolar. ¿Se atribuye la repitencia a características individuales del alumno vinculadas a cuestiones psicológicas, físicas, afectivas? ¿Se la relaciona exclusivamente con cuestiones de índole sociológica? ¿Se reflexiona acerca de la escuela como productora de fracaso escolar o de la falta de precisión respecto de lo que no ha logrado por el alumno? ¿Se plantea quién o quiénes deben asumir la tarea de apoyarlo para que aprenda?

Analizar la repitencia implica también repensar la evaluación. El desafío consiste en replantear su sentido y su objetivo, de modo que, frente a un alumno con dificultad, se debería reconsiderar la pertinencia de las propuestas de enseñanza y ofrecer nuevas oportunidades de aprendizajes. No tenemos propuestas alternativas de enseñanza, y convendría avanzar hacia el desarrollo de espacios y prácticas positivas que den respuestas educativas distintas a alumnos diversos.

La estación fantasma

A partir de la sanción de la Ley de Educación Nacional N.º 26206, la nueva secundaria cumple con la prolongación de la educación común y la obligatoriedad, al mismo tiempo que respeta las características del grupo destinatario, proponiendo una nueva estructura para el sistema. Esta nueva estructura tiene en el centro de sus preocupaciones el desafío de lograr la inclusión para que todos los jóvenes terminen la educación obligatoria, asegurando los conocimientos y las herramientas necesarias para completar los estudios secundarios.

En consecuencia, la educación secundaria tiene como propósitos:

• ofrecer situaciones y experiencias que permitan a los alumnos la adquisición de saberes para continuar sus estudios;
• fortalecer la formación ciudadana;
• vincular la escuela y el mundo del trabajo a través de una inclusión crítica y transformadora de los alumnos en el ámbito productivo.

La preparación para la continuación de estudios superiores, el desarrollo de competencias para la participación en la vida ciudadana, la capacitación para el mundo del trabajo y la producción han sido siempre los grandes desafíos formulados para el nivel medio argentino. Sin embargo, hoy la sociedad en su conjunto se interroga acerca del verdadero significado de la educación media, entendiendo como tal la distancia real que existe entre lo que verdaderamente se anuncia desde el discurso y lo que se puede apreciar desde la práctica cotidiana.

Hay quienes ironizan con la escuela media definiéndola como *"un gran hipermercado de estacionamiento juvenil"*, por el cual los adolescentes de entre 11 y 18 años deben transitar para poder luego continuar su trayectoria escolar, insertarse en el mundo del trabajo y participar como ciudadanos responsables.

Por esto, lo que realmente acontece con los egresados de este nivel ha provocado una desorientación tal que lleva, entre otras cosas, al replanteo de las funciones básicas que esta enseñanza debería asumir y que no puede dejar de cumplir, y la solución de problemas aún no resueltos, que podrían seguir actuando como distractores (ausencia de innovaciones; dificultades para la integración de las nuevas tecnologías; ausencias de propuestas educativas convocantes; falta de autonomía, etc.).

El paso por el sistema educativo y la posesión de títulos académicos es, de forma cada vez más creciente, una condición necesaria, aunque no suficiente, para determinar el tipo de empleo en el que pueden insertarse. El mundo del trabajo y las instituciones de educación superior dudan cada vez más de las competencias con las que egresan los estudiantes de la escuela media; esta se transforma entonces en una especie de *"estación fantasma"*, como afirma Beck, que entrega pasajes que no llevan donde se esperaba.

Las promesas de inserción laboral y desarrollo de competencias para continuar y permanecer en la educación superior, que daban sentido a la institución formadora y a la vida mientras duraba la formación, quedan desdibujadas para la mayoría de los jóvenes. Amplios períodos de desempleo y demasiados pasajeros aparecen ahora en la sociedad posindustrial, un tiempo en el que no es posible aventurar cuáles empleos van a existir y cuáles no. Así, señala el pedagogo español Gimeno Sacristán, la educación no es sólo una estación fantasma, sino que se reduce a una "sala de espera" sin destinos anunciados, ni trenes a los que subirse.

Los profesores que no renuncian van al cielo

Aunque ya hemos transitado casi una década, existen muchos desafíos pendientes para la escuela ante el nuevo siglo. Algunos autores diseñan soluciones a los problemas de nuestras instituciones educativas, prediciendo aprendizajes y relaciones educativas virtuales a través de la computadora. Veremos cómo evoluciona el futuro pero, por ahora, fuera de la escuela hay poca esperanza, sobre todo para los más pobres, a pesar de la situación de nuestros sistemas educativos.

La transformación de la estructura familiar, la influencia de los avances tecnológicos, los desencuentros en la convivencia que llevan a nuevas formas de violencia, la falta de acuerdos sobre los valores educativos, y la modificación de las relaciones laborales, que exige nuevos diseños y proyectos formativos, son temas sobre los que debemos reflexionar para orientar el proceso de transformación de los sistemas educativos, que también deben aceptar el reto de que nuestros alumnos no fracasen ni abandonen, y reciban, si es posible, calidad en su formación.

No hay marcha atrás. La solución no es volver al sistema de exclusión para los desfavorecidos o los indisciplinados. La sociedad pide a nuestros profesores un esfuerzo de integración que muchos aceptarán generosamente; pero, al mismo tiempo, nuestra sociedad debe apoyar y revalorizar el trabajo de esos profesores para no enfrentarlos a una tarea irrealizable. Así, un camino para intentar superar esta crisis escolar y educativa es escribir nuevamente el acuerdo entre la escuela y los demás agentes educativos. Toda la sociedad necesita a los estudiantes y a sus profesores, aprendiendo y enseñando en una mejor escuela.

Otras voces

"Me pregunto por qué razón han de ser humillados los más dotados de inteligencia y de voluntad, forzándolos a seguir una escuela en la que es preciso cortarles las alas para volar al mismo ritmo de los que por naturaleza sólo pueden avanzar de forma lenta" (intervención del diputado Limoni, discurso sobre la Ley del Nuevo Bachillerato Elemental, sesión del 13 de diciembre de 1962).

...

El director regional de UNICEF, Nils Kastberg, subrayó durante el Seminario Internacional "Educación secundaria: derecho, inclusión y desarrollo", organizado por UNICEF (septiembre de 2008) que en América Latina *"sin educación media no se puede terminar con la pobreza"*. También señaló con preocupación que en Latinoamérica *"el 29 por ciento de los jóvenes entre 15 y 25 años está fuera de la escuela y del trabajo"* y lamentó que en la región haya *"demasiados jóvenes en las cárceles y pocos en las escuelas"*.

...

"La sociedad ha definido por ley que todos tienen que culminar con éxito el nivel secundario, tenemos la obligación de garantizar condiciones para el acceso, la permanencia y el egreso de todos los estudiantes. En el escenario que plantea la Ley de Educación Nacional, el fracaso y la exclusión educativa ya no son sólo responsabilidad del alumno, sino fundamentalmente del Estado, del sistema educativo y del conjunto de la sociedad" (palabras iniciales de Juan Carlos Tedesco en el *Documento preliminar para la discusión sobre la Educación Secundaria en Argentina*, octubre de 2008).

...

"... hoy el trabajo de muchos de nuestros profesores de primaria está más cerca de las labores de un asistente social que del papel tradicional de un maestro; y esta nueva situación exige de nuestros profesores de secundaria asumir labores educativas más cercanas al trabajo de un maestro de primaria que a su papel tradicional de formación intelectual" (José M. Esteve).

...

"La situación económica obliga a muchos padres a sacar a sus hijos de la escuela para que empiecen a trabajar. Pero lo más importante es el desinterés social por la formación de los jóvenes: cada vez se desconfía más de que la educación agregue algo en la gente...

Las estadísticas demuestran que, en nuestro país, el 85 por ciento de los jóvenes cuyos padres tienen estudios universitarios completarán el secundario. Mientras que sólo tres de cada cien hijos de obreros no calificados podrán terminar la enseñanza media... Si el adolescente no cuenta con el apoyo afectivo y económico de los padres, sus posibilidades de fracasar en el colegio se multiplican" (Guillermo Jaím Etcheverry, *La Nación*, 4 de noviembre de 1997).

...

En España, Jorge Calero, catedrático de Economía Aplicada de la Universidad de Barcelona, advierte de la influencia que tiene el nivel socioeconómico del alumno en el rendimiento académico. "Las familias con poco nivel educativo tiene menos probabilidades de que su hijo tenga éxito en los estudios".

El Gobierno otorgará el próximo curso 2009-2010 "becas de mantenimiento" dotadas con 1.350 euros a los alumnos de Educación Secundaria que se encuentren en situación de mayor riesgo de abandono del sistema educativo sin haber obtenido la correspondiente titulación. Así lo anunció el ministro Ángel Gabilondo, en su primera comparecencia en la Comisión de Educación en el Congreso de los Diputados, para demostrar que la política de becas "no es una política más", sino una de las "grandes prioridades del Gobierno, más en una situación de crisis económica" (diario *Gaceta*, España, 28 de mayo de 2009).

Ser docente... y optimista

Los profesionales de la educación necesitamos decirnos con frecuencia que debemos continuar con optimismo. Lo repetimos muchas veces intentando darle energía extra al motor, porque sabemos que la profesión no se desarrolla hoy en el mejor de los climas.

Si bien no es sencillo hacer un diagnóstico emocional de los docentes, persistentemente hablamos de un incremento de la conflictividad escolar, la ausencia de motivación de los alumnos, el desencuentro familia-escuela, falta de ideas innovadoras y poca valoración social de la tarea de formar, lo que produce un constante malestar y ese tipo de estrés que muestra a muchos educadores "quemados" por el peso de la realidad.

Por qué insistir entonces con el optimismo, si hasta el Nobel de literatura José Saramago declaraba: *"Sólo son optimistas los seres insensibles, estúpidos y millonarios"*. Evidentemente el optimismo va perdiendo popularidad y parece tener cada vez menos seguidores.

Por qué ser optimista si no son noticia el alumno que aprende con sacrificio ni los logros alcanzados por una escuela, sino el fracaso, la indisciplina y la violencia. Es noticia que un alumno golpee a un docente, pero no que miles estén aprendiendo. Dicen que son las lógicas de la información, pero necesitamos también más lógicas de la esperanza y el optimismo que nos ayuden a cambiar de actitud. Expectativas negativas generan resultados negativos.

Podremos ser pesimistas teóricos —el escenario muchas veces es demoledor—, pero los educadores necesitamos ser optimistas prácticos. Sin caer en un optimismo ingenuo ni en los peligros de un falso realismo, hay que esforzarse para encontrar razones para el optimismo. Cuando la manta es corta y deja los pies o los hombros al descubierto, no son muchos los que doblan las rodillas para pasar una buena noche. El lamento y la recriminación ocupan demasiado espacio, mientras que está demostrado que el optimista logra modificar el resultado de las cosas. Decía Winston Churchill: *"El optimista ve la oportunidad en toda calamidad, mientras que el pesimista ve la calamidad en toda oportunidad"*.

No exagerar lo positivo, pero tampoco quedarnos sólo con lo negativo. A partir de ahí, tener claro lo que queremos y cómo pretendemos llevarlo a cabo. No es tanto la lucha en sí misma lo que agota, sino la falta de razón para esa lucha.

Afirma Miguel Á. Santos Guerra que la tarea educativa no se puede entender ni ejercer sin optimismo: *"¿Puede operar con éxito un riñón un médico sumido en una crisis de pesimismo y desesperanza? Puede… Pero es imposible que pueda educar una persona que ha perdido la confianza en sí mismo y en el ser humano con el que trabaja"*.

Trabajar con los chicos es una invitación a la esperanza, que hace que el optimismo se vuelva contagioso. Debemos crear un clima alegre en nuestras aulas, entusiasmándonos y entusiasmando con los conocimientos que les transmitimos.

Para educar niños y rescatar una nación, necesitamos ser más y mejores educadores, junto a una comunidad que nos respete. Así podremos hacer nuestro trabajo con optimismo, porque como dice Sabater: *"Los pesimistas pueden ser buenos domadores pero no buenos maestros"*.

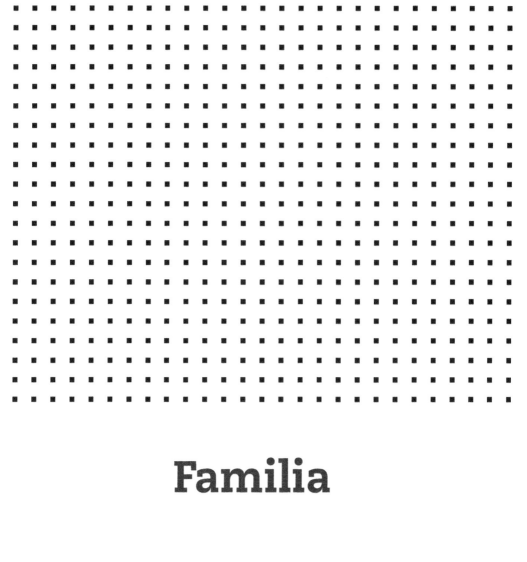

Familia

Prevenir el "síndrome del niño desocupado"

Agenda del tiempo libre: las 3 D

Luego de correr todo el año con horarios y tareas programadas, suele producirse, en cuanto arrancan las vacaciones, una especie de vacío, y los primeros que no sabemos qué hacer con el tiempo de ocio somos los padres. Luego, casi sin darnos cuenta, consentimos los caprichos de los chicos que, con mucho tiempo y ninguna obligación, sí saben cómo aprovechar el desconcierto de los adultos.

El hijo desocupado en vacaciones, o con "mucho" tiempo libre, puede presentar un cuadro muy desafiante, si además es un niño o un adolescente ocupado en exceso por la TV, Internet y los videojuegos, con poca actividad física, malos hábitos de alimentación, y aburrido.

Puede establecerse entonces un plan razonable: *dialogar, divertirse y descansar todos*. Claro que la propuesta no es sencilla, pero sí es oportuno reflexionar sobre este tiempo para no dejarlo librado a la improvisación, y que finalmente necesitemos "vacaciones de las vacaciones".

Para aquellos padres que se incomodan cuando se les dice que utilizan la escuela como un depósito porque no saben qué hacer con los hijos, este es el mejor momento para demostrar su organización y su creatividad; pero, sobre todo, de cuánta autoridad y paciencia disponen.

Lo importante es intentar que todos tengan su espacio para el descanso, y un tiempo propio para desarrollar actividades placenteras y recreativas. No es necesario andar juntos las 24 horas. Lo ideal es equilibrar entre momentos para compartir todos y tiempo donde cada uno disfrute actividades por separado.

Una última recomendación para armar la Agenda: *no hay vacaciones para los límites.* En los últimos años, nos hemos acostumbrado a escuchar sobre el "descontrol" de los adolescentes en vacaciones o en otro tipo de festejos masivos. Un análisis serio nos revela la ausencia de la autoridad y límites del adulto, o la presencia de padres "obedientes" de sus hijos.

Oportunidad para educar

El tiempo libre que tienen los niños y los adolescentes durante las vacaciones es la mejor oportunidad para que crezcan en todas sus dimensiones: física, emocional, intelectual y espiritual. Es la posibilidad para los chicos (y los grandes) de hacer todo aquello que les gusta pero que dejaron en un segundo plano por las obligadas actividades del año.

Pensar qué harán nuestros hijos durante esos meses es algo que debemos hacer con anticipación, y no esperar a último momento. No se trata de mantenerlos ocupados siempre, sino que el objetivo es dosificar sus actividades buscando su bienestar y su formación. En la educación de nuestros hijos, los padres nunca tenemos vacaciones.

Pero, en el momento de organizar el veraneo de los chicos, aparecen gran cantidad de inquietudes que condicionan la decisión: su edad, los resultados escolares, sus gustos e intereses, nuestra disponibilidad horaria y económica, la posibilidad de recurrir a los abuelos, etcétera.

Sean ellos los que disponen de más tiempo ocioso, o estemos de vacaciones con ellos, es muy importante seleccionarles actividades, no por responder sólo a la necesidad de cubrir un tiempo vacío, sino pensando en sus intereses y sus habilidades, y en la posibilidad que tienen de reforzar los buenos hábitos ya adquiridos.

Establecer un plan de actividades para las vacaciones educa a los niños porque les permite aprender que el tiempo libre no debe ser desperdiciado y que estar de vacaciones no significa no hacer nada, sino que es posible organizarse, tener metas y reforzar la relación afectiva con toda la familia.

También debemos planear sus actividades de ocio. Es fundamental que el verano sea una época de descanso y el momento para intentar actividades diferentes. Sería un error hacerles llevar el mismo ritmo que durante el año escolar. No siempre es totalmente cierta la frase *Si no los tienes ocupados, ellos te tendrán ocupado a ti.*

Ayudar en la casa

En muchas oportunidades, nuestras actitudes terminan enseñándoles que como hijos tienen solo derechos y que como padres estamos siempre obligados a darles todo lo que quieren, y olvidamos recordarles que ellos también asumen deberes dentro de la casa y que les corresponde colaborar en las tareas diarias.

En el hogar, cada uno debe ocupar un lugar, y los chicos tienen el rol de hijos; es decir que sin, importar la edad, disponen de tiempo libre para ayudar en la casa, tomando así una responsabilidad como miembros de la familia. Estas actividades deben pensarse de acuerdo con la edad, desde las más sencillas, como hacer la cama o poner la mesa, hasta aquellas en donde la prudencia indica que deben ser realizadas por los hijos adolescentes.

Imagino los comentarios de aquellos padres que nunca han intentado que sus hijos sean corresponsables en las tareas del hogar. Lo importante es darles la oportunidad, porque es posible, y siempre es tiempo de comenzar.

Aburridos

Estar aburrido para los más chicos es en oportunidades equivalente a decir *"Quiero estar un rato contigo"* o *"¿Por qué no me ayudas a jugar?"*. A veces, nos parece que lo nuestro es ocuparnos de su bienestar, vestirlos y darles de comer, y creemos que jugar es algo que tienen que hacer por su cuenta.

Los adultos debemos entender que el juego es la forma en que los niños aprenden a pensar y adquieren capacidades. Pero el juego no debe ser sólo para ellos, ya que nos proporciona a todos una vía de escape para luchar contra la ansiedad y las frustraciones. Está comprobado que las personas que juegan y ríen con frecuencia visitan muy poco a psicólogos y psiquiatras.

Aburridísimos

Cuando los padres respiran aliviados porque lograron encaminar a los más chicos de la casa, aparece otro conflicto: el adolescente de la familia plantea explícitamente que está aburrido.

El tiempo de ocio para ellos puede convertirse en no hacer nada. Ante esto, los padres deben hacerle reflexionar sobre la importancia de aprovechar el tiempo y de tener unas vacaciones activas, orientándolo sobre algunas actividades que pueda realizar. Hacerle entender que hay muchas actividades para disfrutar del tiempo de ocio, y que la pasividad del sofá o de la casa sólo le hará desaprovechar un maravilloso verano.

Ahora bien, seamos sinceros: esto, que parece muy lógico y hasta con un tono de romanticismo estival, muy pocas veces alcanza a modificar la actitud del joven y aburrido hijo. Nuestra capacidad para convencerlo de las bondades del verano parece estar directamente relacionada con nuestras habituales formas de comunicación familiar.

Vacaciones y comunicación

A lo largo del año, las obligaciones, las normas y los estilos de autoridad marcan la relación con nuestros hijos. En escasas ocasiones interactuamos con ellos en un entorno de ocio y con un estado de ánimo tan relajado como en la época de vacaciones.

El hecho de compartir tiempos, aficiones, y de estar realizando actividades variadas y distendidas, hará que nos sintamos más cercanos y que podamos abordar temas diferentes con nuestros hijos. De ahí que, en la medida de lo posible, sea importante hacer coincidir las vacaciones de todos los miembros de la familia durante algunos días, para disfrutar de esos momentos.

Por otro lado, hay que reconocer que estar más tiempo juntos también implica más conflictos. En el caso de los adolescentes, con su mundo centrado en los amigos con quienes encuentran satisfechas todas sus necesidades de comunicación y diversión, los padres somos personas que ponemos límites a su vida y reprendemos determinadas conductas. En esta etapa de distanciamiento, no es sencilla la comunicación. Para que esto no ocurra, o para que la brecha sea menor, es necesario haber establecido con anterioridad un vínculo de confianza entre ambos.

Cuando hablamos de las vacaciones como el momento para establecer una comunicación de calidad con nuestros hijos, debemos tener en cuenta que, si el diálogo no ha estado habitualmente presente durante la convivencia familiar, no será fácil lograrlo. El diálogo afectuoso debe estar presente todo el año, y no sólo cuando algunas circunstancias nos coloquen en esta situación. No obstante, en mayor o menor medida, se producen un distanciamiento y una disminución de la comunicación, por lo que debemos buscar momentos favorables para alcanzar una relación más estrecha.

Tecnovacaciones

Los padres que cuidan lo que comen sus hijos también deben establecer una dieta saludable de medios, que permita a los niños disfrutar el verano sanamente.

• El primer consejo es establecer límites claros, una cantidad de horas para que los niños usen los medios, sean computadoras, TV, películas, iPod, Internet, videojuegos o cualquier otro.
• El segundo consejo es que los padres estimulen y organicen actividades al aire libre, que promuevan la actividad física, como caminar o hacer deportes.
• En tercer lugar, es importante que los padres se involucren en juegos, películas, páginas de Internet que sus hijos estén utilizando.
• Por último, que los padres revisen con sus hijos reglas básicas de seguridad en Internet.

Los medios son muy divertidos, y pueden ser positivos en la vida de nuestros hijos, siempre y cuando haya un balance y una supervisión en su uso. En el verano, lamentablemente, hay una tendencia a pasar mucho más tiempo frente a los medios, y ese hecho puede generar, además del inicio de una adicción a las nuevas pantallas, kilos extra y estimular un estilo de vida sedentario que no es bueno para la salud física de los chicos.

– Un estudio demostró que, por cada hora extra que los niños pasan viendo televisión, consumen 167 calorías adicionales.
– Muchos mensajes comerciales transmitidos los sábados por la mañana en la TV, en horario infantil, son de bebidas gaseosas, dulces o comida chatarra.

> – Debido a la obesidad y la inactividad, muchos chicos entre 12 y 19 años sufren síntomas prediabéticos.

Mejor, al aire libre

Los campamentos son una opción con importantes ventajas, ya que incrementan la socialización y aumentan la autonomía de los niños, a la vez que los hacen partícipes de una serie de actividades que no realizan en el hogar. Sin embargo, debemos plantearnos las alternativas que existen y cuál es la más adecuada en función de la edad y de los objetivos que queremos alcanzar con esa actividad: ejercicio físico, actividades deportivas o socialización.

En síntesis, los niños y los adolescentes que aprovechan sus vacaciones para lo artístico, lo lúdico, lo deportivo y lo social, asistiendo a campamentos, colonias de verano, granjas escuela, museos infantiles, encuentros musicales, teatro infantil, etc., serán personas que complementarán de manera efectiva su formación. Los expertos destacan, al respecto, que desarrollarán la capacidad de llevarse bien con los demás, serán más empáticos, tomarán decisiones rápidas y novedosas, y liderarán actividades de manera asertiva, entre otras habilidades.

Vacaciones largas y la amnesia de verano

En estas fechas, renace el debate sobre si las vacaciones escolares son demasiado largas y si debemos replantearnos el calendario escolar. El problema no radica en la extensión de las vacaciones de los docentes, sino en la extensión de las vacaciones de los alumnos, que en algunos países europeos es de casi tres meses.

Algunas inquietudes sobre el posible impacto negativo de las vacaciones en el aprendizaje de los chicos:

– La preocupación más repetida está relacionada con la convicción de que los niños aprenden mejor con la enseñanza continua. Padres y docentes expresan que las largas vacaciones de verano rompen el ritmo del proceso educativo, provocan el olvido y exigen una cantidad considerable de repaso cuando los estudiantes vuelven a la escuela. En el caso de los alumnos con necesidades educativas especiales, el largo descanso parece tener un efecto negativo mayor en su aprendizaje, por lo que distintos especialistas insisten en que estos niños pueden aprovechar mucho de programas educativos durante el verano.

– Aunque existe poca evidencia de que el cociente intelectual de un estudiante se relacione con el impacto del descanso de verano, existe cierta evidencia de que niños con dificultades de aprendizaje tal vez necesiten una enseñanza adicional durante esa temporada.

– Relacionando las vacaciones de verano con cuestiones de equidad, algunos estudios señalan que aquellos niños de un nivel socioeconómico mayor pueden volver a la escuela con una ventaja educativa considerable sobre sus compañeros menos privilegiados, como resultado de aprendizajes adicionales realizados voluntaria o involuntariamente por la familia.

Se han encontrado diferencias en el efecto de las vacaciones de verano en diferentes áreas de habilidad. La pérdida durante el verano sería más importante para datos matemáticos y la ortografía que para otras áreas. Los hallazgos en la psicología cognitiva sugieren que, sin práctica, los datos y las habilidades de procedimientos son los más susceptibles a ser olvidados.

También se pudo observar que la pérdida durante el verano era más pronunciada para las matemáticas en general que para la lectura. Los autores especularon que las familias de los niños tal vez daban durante el verano más oportunidades para practicar las habilidades lectoras que las matemáticas. Pero, en el caso de los niños de clase media, la diferencia a favor de la lectura fue mayor, ya que parece influir una disponibilidad mayor de libros y más oportunidades de leer.

Importancia de la lectura

Queremos remarcar el enorme valor de los relatos orales y la lectura de cuentos y libros, no sólo en vacaciones sino también a lo largo de todo el año. El gusto por la lectura es uno de los mayores tesoros que podemos transmitir a los niños y a los jóvenes. Así, los acercamos a otros mundos de fantasía, alegría y buenos sentimientos, y desarrollamos su inteligencia, imaginación, equilibrio personal y desempeño social.

Vivir las vacaciones

1. Vive la amistad, escuchando, confiando, ayudando y respetando a los demás. Busca tiempo para dialogar porque, hablando y escuchando generosamente, también se crece.

2. Vive la justicia. No esperes que todo te lo den hecho. Otros trabajan para que tengas vacaciones. Ellos también tienen sus derechos. Respétalos y respeta sus bienes.
3. Vive la verdad. Evita la hipocresía, la mentira, la crítica o la vanidad. Busca tiempo para leer; es una manera de perfeccionarte con el saber de los demás.
4. Vive evaluándote a ti mismo. Las vacaciones también son un momento oportuno para decidir las fortalezas que puedes potenciar y las debilidades que debes corregir.
5. Vive con el corazón disponible. Supera el egoísmo, la codicia y el hedonismo. Piensa en quienes necesitan ayuda. La solidaridad no debe tomarse vacaciones.

Si este tiempo de descanso lo aprovechamos para encontrarnos en familia de un modo más profundo, sin duda serán las mejores vacaciones con o sin sol, en la playa o en la cocina de casa.

La paliza pedagógica: pegarles a los niños por su bien

Mientras que sólo 20 por ciento de los docentes del Reino Unido aceptan esta práctica, a partir del deterioro de la conducta en la clase y con el apoyo de 51 por ciento de los padres, el ministro británico de Escuelas, Infancia y Familias autorizó su retorno como "paliza razonable". El mismo sindicato de docentes elogió la medida y recordó que la indisciplina y la violencia en las aulas se habían incrementado a causa de las desacertadas políticas de "no tocar" a los alumnos.

La tarea de ser padres o docentes obliga también a buscar las medidas más efectivas frente al comportamiento de nuestros hijos o alumnos. Algunos adultos deciden que lo más apropiado, frente a la desobediencia o las conductas inadecuadas, es poner normas claras y establecer un sistema de sanciones y correcciones; esto es, quitarles algo que les guste, no dejarlos salir el fin de semana o realizar actividades reparadoras. Para otros, estos recursos son insuficientes, y utilizan el castigo físico como medida disciplinaria, cuando la mayoría de los estudios subraya el efecto negativo que provoca esta práctica en el futuro desarrollo personal y social, convirtiendo lo que se considera correctivo en un enorme fracaso educativo.

Cuando recibimos la noticia, en abril del 2010, algunos pensamos que se estaba transparentando lo que mayoritariamente padres y docentes en Reino Unido consideraban formativo: el castigo físico corrige lo que hay de malo en los niños.

Prohibida esta forma de corregir en 1986 en las escuelas estatales, y en las privadas durante 1999 en Inglaterra y Gales, en el 2000 en Escocia, y en Irlanda del Norte en el 2003, la mayoría de las instituciones, anticipándose, sin muchas convicciones, a la legislación, ya habían abandonado voluntariamente esta práctica, aunque algunas escuelas cristianas privadas lucharon contra la abolición en los tribunales, sin éxito.

Una paliza y un beso lo arreglan todo

El castigo corporal a los niños en el hogar es ilegal en sólo ocho países de Europa, pero las autoridades británicas manifiestan que no seguirán ese camino, ya que la mayoría de las encuestas defienden el derecho de los padres a golpear a sus hijos y que el Gobierno no intervenga en la disciplina parental. Es así como las palizas deberán darse en un paradójico "contexto de cariño" y una ambigua "medida razonable", por lo que quedan prohibidos los golpes con elementos contundentes.

Para la mayoría de los educadores es un retroceso en las formas de corregir a niños y adolescentes pero, para algunas culturas, privar a los niños de la "vara", como dice la Biblia, sería una grave renuncia a las obligaciones formativas de padres y docentes.

Según un estudio del 2005, realizado por Save the Children, pellizcar, gritar, insultar y humillar son formas de violencia contra los niños, habituales y casi idénticas en todo el mundo. En la presentación del informe *Amor, poder y violencia*, esta organización ha realizado un análisis comparativo en 14 países (Perú, Bolivia, Argentina, Venezuela, Nicaragua, Costa Rica, Panamá, India, Tailandia, Vietnam, Camboya, Hong Kong, Laos y España) y concluyó que, de las 35 formas de castigo físico y psíquico encontradas, 21 son universales: se pega igual en Argentina que en Vietnam.

Entre estos castigos, figuran las bofetadas, la nalgada, sacudir, dar patadas, golpear con una regla o un cinturón, el tirón de pelos y de orejas, el insulto, el grito, la humillación pública, culpabilizar, encerrar a oscuras, los apodos, la comparación con los hermanos u otras personas, la mirada, el rechazo o la ignorancia y el silencio. Tal vez lo más preocupante del estudio es considerar normales estas prácticas, y no entender por qué se las debe erradicar.

En el 2004, Save the Children desarrolló una consulta en España que concluyó que 46 por ciento de los niños considera innecesario pegar para educar, pero 47 por ciento opinaba que sus padres tenían derecho a pegarles.

Nuestra historia

Si bien a principios del siglo XIX ya podemos encontrar escritos sobre la prohibición del castigo físico en las escuelas (España y el Virreinato del Río de la Plata en 1813), lo cierto es que aún hoy algunos recuerdan el rebenque, el puntero, el tirón de pelos o el cachetazo, por citar algunos medios de "disciplinamiento".

Hace ya mucho tiempo que se han decretado normas que protegen a los ciudadanos de los asaltos, a los soldados de ser azotados, a los prisioneros de guerra de ser torturados, y a los ancianos y los enfermos mentales de toda clase de golpes, pero en el nuevo siglo aún podemos encontrar sociedades que consideran legal, en defensa propia y como disciplina, pegar a los niños. ¿Cuántos adultos aceptan hoy que pegar a un animal es crueldad y golpear a un niño es disciplina?

La ciencia sigue insistiendo en que las palizas en la cola, los tirones de oreja y los sopapos no mejoran la conducta de los hijos a largo plazo, sino que incrementan las posibilidades de que se vuelvan personas agresivas, desafiantes, con predisposición a desarrollar un carácter antisocial y a establecer luego relaciones violentas.

Sheldon y Eleanor Glueck empezaron en 1940 un estudio acerca de los niños delincuentes y no delincuentes. Ellos descubrieron que el golpearlos en los años tempranos de la niñez influencia a los niños para desarrollar comportamientos antisociales, agresivos y violentos.

Encontraron que, entre más temprano y severo sea el castigo, peor será la agresión más adelante. Estos investigadores también descubrieron que los comportamientos menos antisociales están siempre asociados con niños que son criados desde la infancia dentro de familias no violentas, atentas, que apoyan emocionalmente y que no golpean.

El doctor H. MacMillan y su equipo entrevistaron a 4.888 adultos en Canadá y encontraron que *aquellos que fueron golpeados o cacheteados padecían con más frecuencia trastornos de ansiedad, comportamiento antisocial y depresión*. Un 28 por ciento desarrolló ansiedad o una depresión mayor, 13 por ciento tuvo problemas de alcoholismo, y 17 por ciento abusó de las drogas o sufría ansiedad clínica.

Los *Archivos de Pediatría y Medicina de Adolescentes* reportan, en el número de agosto del 98, que el golpear está asociado a la agresión y hace que los niños se comporten peor que antes del castigo.

En 2002 se realizó una investigación para la Universidad de Columbia, que estableció una lista de 11 conductas y experiencias asociadas al castigo físico, a partir de un análisis de más de 90 estudios realizados en los últimos cien años sobre el tema. Diez de esas conductas asociadas fueron negativas, y sólo una positiva: la obediencia inmediata. En cambio, los expertos comprobaron que los niños se tornaban antisociales, les costaba internalizar qué está bien y qué está mal, eran más desafiantes y cuestionaban la autoridad. En los casos más extremos, se asociaba a conductas delictivas, alteraciones en la salud mental y a una mayor predisposición a convertirse en víctima de abuso físico.

Un estudio de 2007, entre padres que llevaron a sus hijos al Hospital Gutiérrez de Buenos Aires, indicó que 68 por ciento todavía usa la cachetada, la "nalgada", el tirón de pelos o el "coscorrón" como método de disciplina. Las 475 encuestas realizadas a padres de niños de entre uno y cinco años encontraron que la mayoría consideraba al castigo físico sinónimo de disciplina y que muchos repetían su historia. Así, 41 por ciento de estos padres también había sido "educado" a los golpes.

En la actualidad, la Asociación Estadounidense de Pediatría aconseja a los padres que, si dan una nalgada a su hijo, luego le expliquen con calma por qué lo hicieron. Advierten que "un bebé de menos de 18 meses no entiende la conexión entre el chirlo y el mal comportamiento".

Voces no escuchadas

En los últimos años, las crisis han afectado de manera directa las condiciones de vida de los niños y los adolescentes en América latina, convirtiéndolos en una población particularmente vulnerable. Por ese motivo, el secretario general de las Naciones Unidas designó al especialista Paulo Sérgio Pinheiro para que, a través de un estudio exhaustivo, presentara un cuadro general de la violencia contra los niños.

En su informe (2006), revela que dicha violencia existe en todos los países del mundo, independientemente de culturas, clases sociales, niveles educativos, ingresos y origen étnico, confirmando que la violencia contra los niños se encuentra *"socialmente consentida en todas las regiones, y frecuentemente es legal y está autorizada por el Estado"*.

La consulta del estudio mundial correspondiente a América Latina se llamó *Las voces de niños, niñas y adolescentes sobre la violencia*; participaron 1.800 chicos de estos países: México, Guatemala, Honduras, El Salvador, Nicaragua, Costa Rica, Panamá, Colombia, Bolivia, Ecuador, Perú, Uruguay, Paraguay, Brasil, Argentina y República Dominicana.

En América Latina no se cuenta con datos exactos sobre el uso de castigos corporales en las escuelas, que permitan afirmar la gravedad y la frecuencia de tales acciones, o si se trata de una conducta marginal u ocasional. El castigo físico, el maltrato psicológico y el abuso sexual se manifiestan en prácticas culturales de abuso hacia niñas, niños y adolescentes al interior de las instituciones educativas. Sérgio Pinheiro indica que sólo 42 por ciento de las niñas y los niños en América latina y el Caribe están protegidos contra los castigos físicos en la escuela.

El estudio *Acabar con la violencia legalizada contra los niños y niñas*, iniciativa global para finalizar con todo castigo corporal hacia niños y niñas, realizado por Save the Children Suecia, establece un diagnóstico sobre la situación de la legislación de los países de la región respecto de la prohibición "explícita" del castigo físico en la escuela y otros ámbitos, y denuncia: "Sólo cinco países latinoamericanos tienen leyes que prohíben expresamente el castigo corporal o físico en la escuela: República Dominicana, Ecuador, Honduras, Venezuela y Haití".

Disciplinar en la escuela

La utilización del castigo físico como recurso, cuando se producen infracciones a las normas, es una de las prácticas que debemos erradicar si pretendemos mejorar el clima social en las escuelas. Si bien generalmente en los casos donde las faltas son leves se prioriza el diálogo, es a partir de que las faltas se agravan cuando las posibilidades de elegir formas de corrección positivas quedan reducidas.

No debemos olvidar que el castigo físico sólo consigue la obediencia en el corto plazo, y en aquellos niños que son sancionados de manera reiterada, la modificación de su conducta es mínima. Es necesario que la institución educativa gane credibilidad, y esto se consigue mediante fórmulas coherentes que permitan buscar implicar y responsabilizar al alumno en su propia formación.

Los adultos hemos perdido autoridad y efectividad en la función de formar en valores, moralidad, actitudes y habilidades para la convivencia. Padres, madres y docentes de la nueva modernidad nos hemos quedado cortos e insuficientes en las habilidades necesarias para desarrollar disciplina, fijar límites, desarrollar autonomía, responsabilidad y demás.

Para muchos, la forma rápida de disciplinar es el castigo físico, y esta forma de violencia recibida en la niñez llevará a muchos futuros ciudadanos a utilizar la violencia para resolver sus problemas personales y sociales. A pesar de que las relaciones de poder basadas en el autoritarismo han sido cuestionadas, y en muchos casos modificadas en lo fundamental, aún predomina esta tradición punitiva, dominante, basada en el ejercicio del poder autoritario.

La nueva realidad de las familias, de las escuelas y de la comunidad exige hoy un replanteamiento de lo que significan autoridad, roles de autoridad y ejercicio del poder.

Familia y escuela: dos mundos que no deben separarse

La educación formal continúa ocupando cierta actualidad en los medios, pero no debido a la alta y trascendente función que la escuela debe ejercer en el desarrollo de la persona y en el progreso global de las sociedades, sino por aspectos menos satisfactorios: desmotivación de los docentes y los alumnos, enfrentamiento entre padres y docentes, convivencia violenta en las aulas, fracaso escolar, etc. A la familia de la nueva modernidad, no le va mejor. No podemos olvidar que existen una coherencia y una correlación entre la familia, la escuela y el tipo de educación que se imparte.

Los estudiantes viven en una determinada sociedad, y si ambas instituciones trabajaran juntas, el resultado de esta sociedad formadora serían niños y jóvenes desarrollándose e integrándose en ella. Pero no siempre es sencillo llevar a la práctica esta unión, ya que las relaciones son, por lo general, de recelo y reproche. Frecuentemente, la escuela se queja de que las familias delegan excesivamente en la escuela aspectos formativos que le son propios, mientras que muchos padres se sienten exigidos por la escuela acerca de lo que deben hacer con sus hijos, ignorando su realidad y sus puntos de vista.

Otras "escuelas"

En la actualidad, el binomio familia-escuela se va debilitando en su tarea formativa, y es indudable que no son los únicos contextos de aprendizaje de los niños y los adolescentes, ni los docentes los únicos agentes. Su tarea, en no pocas oportunidades, se ve alterada por otros espacios de educación no formal constituidos por la prensa, la televisión, Internet, la telefonía, los videojuegos, el cine, etc., consumos culturales que con su potente influencia logran en numerosas ocasiones obstaculizar cualquier intención formativa.

¿Con quienes compite la escuela?
¿Qué otras cosas están aprendiendo los chicos?

Un chico de 11 a 17 años

– Ve entre 2 y 3 horas de televisión por día
(30% 4 a 6 horas)
– Escucha entre 2 y 3 horas de música por día
(radio, CD)
– Ve entre 1 y 3 videos por mes (20% no ve videos)
– Usa la computadora de 1 a 3 días
por semana (15% no usa)
– Está conectado a Internet entre media y 1 hora
– Lee 1 a 3 libros por año (70%)
– Lee el diario una vez por semana (50%)
– Ve de 1 a 4 películas en el cine por año (80%)
– No va al teatro (85%)

Un chico pasa aproximadamente 6 horas
por día con los medios.

Sistema Nacional de Consumos culturales
(SNCC, 2006)

Equipamiento tecnológico en el hogar	Ubicación	
	Living/ comedor	Dormitorios
Televisión	66,3%	53,5%
Computadora	46,8%	39,1%
Consola de videojuego	37,8%	51,9%

(SNCC, 2008)

Finalizando el año 2007, se conocieron más datos sobre el ya indiscutible crecimiento de Internet, a través de los resultados del estudio *Generaciones interactivas en Latinoamérica*, la mayor investigación sobre el uso de las TIC en niños y adolescentes que se ha hecho hasta la fecha, y la primera que integra las distintas tecnologías disponibles para ellos: telefonía celular, Internet, videojuegos y televisión.

El estudio, impulsado por Telefónica y desarrollado por la Universidad de Navarra y EducaRed, encuestó a 21.774 escolares de entre 6 y 18 años, pertenecientes a 160 escuelas de Argentina, Guatemala, Colombia, México, Brasil, Chile, Perú y Venezuela. Estos escolares latinoamericanos entrevistados poseían en un 95,8 por ciento al menos una computadora, y un 82,9 por ciento utilizaban Internet en casa y, a pesar del reinado de la televisión (por tiempo dedicado y por número de televisores en los hogares), eligieron en primer lugar navegar en la Red.

Al ocupar Internet la preferencia de niños y adolescentes, ya no es sólo la televisión la que merece la supervisión responsable de los adultos. La Secretaría de Medios de la Nación reveló sobre el uso que los argentinos hacen de Internet (diciembre de 2007) a través de una muestra de 3.020 casos de todas las regiones, y si bien un 52,8 por ciento de los encuestados había navegado por Internet, al desagregarse los datos se observa un corte muy claro por edad: sólo el 24,2 por ciento de los mayores de 50 años sabe lo que es un navegador, mientras que el 84,3 por ciento de los chicos de entre 12 y 17 años expresa haber accedido a la Red.

Los adolescentes serían los consumidores más frecuentes de Internet, y la utilizan generalmente para el chateo, la mensajería electrónica, los juegos en línea, blogs, fotologs y la navegación en páginas pornográficas, entre otras visitas.

Ante la ausencia de articulación entre familia, escuela y medios de comunicación, asumir aisladamente la tarea educativa sólo puede ser origen de tensiones y desmoralización. De ahí la necesidad de actuar en estos contextos y con otros agentes educativos, para no hacer recaer en la escuela responsabilidades que también están fuera.

El ámbito afectivo de la familia es el nivel privilegiado para la primera socialización (criterios, actitudes y valores, claridad y constancia en las normas, autocontrol, sentido de responsabilidad, motivación por el estudio, trabajo y esfuerzo personal, equilibrio emocional, desarrollo social, creciente autonomía, etc.). Así, en los primeros años, la familia es un vehículo mediador en la relación del niño con el entorno, jugando un papel clave que incidirá en el desarrollo personal y social. Pero esta institución integradora está hoy puesta en cuestión.

Si antes estaban más claras las responsabilidades, hoy la escuela está acumulando funciones que antes desempeñaba "acompañando" a la familia. Se siente obligada a asumir la formación también en aspectos de la socialización primaria para los que la familia debería ser la incuestionable experta. Si no hiciera esto, sería casi imposible desarrollar el proceso educativo con éxito.

Después de varias décadas incentivando la participación de las familias en el sistema educativo, estas empiezan a considerarse "clientes" de los servicios educativos, a los que se les demandan mayores funciones.

En lugar de ciudadanos activos que junto con los docentes contribuyen a dar forma a la escuela que quieren para sus hijos, muchos padres y madres se consideran clientes que envían a sus hijos para que consuman educación, y se limitan a exigir a los propios docentes cuando no se amolda a la "calidad" prometida.

Familia, escuela y comunidad

Las escuelas, especialmente aquellas que están en contextos de desventaja, no pueden trabajar bien si están aisladas de las familias y de las comunidades respectivas. Es una evidencia que, cuando las escuelas trabajan en conjunto con las familias para apoyar el aprendizaje de los alumnos, estos suelen tener éxito. De ahí el requerimiento continuo a formar redes de colaboración que involucren a los padres en las tareas educativas.

Si bien la bibliografía está repleta de experiencias que describen programas de implicación de las familias, el problema es la escasa posibilidad de transferirlos a otros contextos.

Hay, inicialmente, un conjunto de obstáculos y barreras, más perceptivos que objetivos, que impiden la colaboración y el trabajo conjunto: los docentes no siempre fomentan la participación de las familias, en parte debido a la desconfianza sobre lo que pueden aportar a la mejora de la educación; por su parte, los padres no siempre participan cuando son invitados, debido al desconocimiento y la inseguridad sobre lo que ellos pueden hacer, o simplemente por "falta de tiempo".

Los resultados de los alumnos son mucho más efectivos si se ven acompañados y apoyados por las respectivas familias. A los chicos les va bien, los docentes están satisfechos, la comunidad educativa crece en reputación, y mejora la comunidad adyacente.

Efectos de la sociedad familia-escuela

Existe una fuerte relación entre el apoyo familiar y el comportamiento de los estudiantes, el rendimiento académico y el sentimiento de seguridad en uno mismo.

– El 23 por ciento de los logros escolares pueden relacionarse con el apoyo familiar.
– Los dos factores fundamentales que influyen en los logros académicos de los niños y las niñas son el nivel educativo de los padres y madres, y la calidad del trabajo cooperativo entre familia y escuela.
– Los niños que no se sienten apoyados por sus padres y sus madres en las materias escolares triplicarán los riesgos de padecer enfermedades relacionadas con el estrés (dolor de cabeza, estómago, musculares, y problemas de crecimiento).

Percibir apoyo social y académico de los padres y las madres influirá sobre los sentimientos de pertenencia a la institución, el interés por las materias escolares, los logros escolares y la motivación para construir relaciones.

Padres: "¡Presentes!"

Familia y escuela son ámbitos que, según el grado en que se integren con generosidad, tendrán sus efectos en la educación de los alumnos. La colaboración entre estos agentes educativos es un factor clave en la mejora de la educación. Pero el grado de conexión entre estos dos mundos depende de actitudes, prácticas, experiencias e interacciones. La situación sociocultural, y las políticas y las prácticas anteriores condicionan el grado de implicación, y la forma y los tipos de relación; por su parte, las líneas de comunicación individuales e institucionales especifican cómo y dónde tienen lugar las interacciones entre escuela, familias y entorno.

Podemos hablar de 6 tipos de implicación de la escuela-familia-comunidad, que son importantes para el aprendizaje de los alumnos y para hacer más efectiva la relación entre escuelas y familias:

• **Ejercer como padres:** ayudar a todas las familias a establecer un entorno en casa que apoye a los niños como alumnos y contribuya a las escuelas a comprender a las familias.
• **Comunicación:** diseñar y realizar formas efectivas de doble comunicación (familia-escuela) sobre las enseñanzas de la escuela y el progreso de los alumnos.
• **Voluntariado:** los padres son bienvenidos a la escuela para organizar ayuda y apoyo en el aula, la escuela y las actividades de los alumnos.
• **Aprendizaje en casa:** proveer información, sugerencias y oportunidades a las familias acerca de cómo ayudar a sus hijos en casa, en la tarea escolar.
• **Toma de decisiones:** participación de los padres en los órganos de gobierno de la escuela (ejemplo: consejos escolares).
• **Colaborar con la comunidad:** identificar e integrar recursos y servicios de la comunidad para apoyar a las escuelas, a los alumnos y a sus familias, así como de estos a la comunidad.

Participación de las familias

Cuando hay quejas de que los padres no colaboran lo suficiente o que les falta interés, también hay que preguntarse si desde la escuela se hace todo lo posible para que se sientan "bien recibidos". Al respecto, la investigación sugiere que las escuelas pueden dar pasos para desarrollar el papel de los padres y su sentido de eficacia para ayudar al aprendizaje de los hijos, mostrar formas prácticas de implicarlos en el apoyo a escuelas, docentes y alumnos, y adaptar las maneras de participación a los requerimientos de la vida profesional y familiar.

Mientras algunos países que obtienen buenos resultados en las evaluaciones internacionales ponen el énfasis en la coordinación con las familias, por lo general otros formamos a los docentes para centrarse en el desarrollo de proyectos curriculares en los que ellas no tienen participación.

Escuelas que inicialmente rompieron la barrera apostando por un incremento de relaciones con los padres o tutores han descubierto la importancia para su propia labor (apoyo de las familias, mejora del aprendizaje de los alumnos, mejora de la moral de los docentes y de la reputación de la escuela en la comunidad).

Conseguir sintonía y colaboración no es algo dado, tiene que ser construido y conquistado. Por supuesto que junto a la ilusión habrá momentos de crisis pero, si se reconoce que el punto de encuentro entre padres y docentes son los niños, las soluciones aparecen.

La escuela no termina cuando toca el timbre, su influencia penetra en la familia; y el alumno no sólo es tal cuando cruza la puerta de la escuela, su realidad familiar lo sigue también en las aulas. Es necesario un renovado y sincero pacto educativo, y que se comience a articular la acción educativa escolar con la de otros agentes. Necesitamos fundar una acción conjunta en la comunidad en la que se vive y se educa. Sólo se puede iniciar la reconstrucción de la comunidad y su nuevo ciudadano a partir de un ámbito escolar que incluya las familias.

Bibliografía

Aparici, R. (coordinador) (2010): *Conectados en el ciberespacio*. Madrid. Uned.

Bauman, Zygmunt (1999): *Modernidad líquida*. Buenos Aires. Fondo de Cultura Económica.

Bauman, Zygmunt (2001): "Alan Touraine, ¿Podemos vivir juntos? Igualdad y diferencia", *Nueva Economía Política*, volumen 6, número 3.

Bauman, Zygmunt (2007): *Tiempos líquidos*. Barcelona. Tusquets.

Bauerlein, Mark (2008): *The Dumbest Generation. How the Digital Age Stupefies Young Americans and Jeopardizes Our Future (Or, Don't Trust Anyone Under 30)*. Nueva York. Penguin.

Bronfenbrenner, Urie (1987): *La ecología del desarrollo humano*. Buenos Aires. Paidós.

Cancrini, Luigi y La Rosa, C. (1995): *La caja de Pandora*. Barcelona. Paidós.

Cañas, José Luis (2004): *Antropología de las adicciones. Psicoterapia y rehumanización*. Madrid. Dykinson.

Castro Santander, Alejandro (2004): *Desaprender la violencia. Un nuevo desafío educativo*. Buenos Aires. Bonum.

Castro Santander, Alejandro (2005): *Analfabetismo emocional*. Buenos Aires. Bonum.

Castro Santander, Alejandro (2006a): "El ciber acoso escolar", *Revista Iberoamericana de Educación*, Organización de Estados Iberoamericanos (OEI) (en Internet: http://www.rieoei.org/boletin37_2.htm).

Castro Santander, Alejandro (2006b): *Violencia silenciosa en la escuela. Dinámica del acoso escolar y laboral*. Buenos Aires. Bonum.

Castro Santander, Alejandro (2009): *Un corazón descuidado. Sociedad, familia y violencia en la escuela*. Buenos Aires. Bonum.

E.Elecciones.Net (2007): *Ciberpolítica: El uso de Internet durante las campañas presidenciales latinoamericanas del año 2006*. Fundación Konrad Adenauer Stiftung, Buenos Aires (en Internet: http://www.e-lecciones.net).

European Commission (2007): "Safer Internet for children. Qualitative study in 29 european countries". *Eurobarometer* (en Internet: http://ec.europa.eu/saferinternet).

Fundación Telefónica (2007): *DigiWorld América Latina 2007* (en Internet: http://www.fundacion.telefonica.com y http://www.enter.es).

Holmes, Leonard (2006): *What is Normal Internet Use* (en Internet: http://mentalhealth.miningco.com/library/weekly/aa100697.htm).

Iipe (2007): *Sobre tendencias sociales y educativas en América Latina 2007*. Buenos Aires. UNESCO.

Ipligence (2007): *Mapa mundial de Internet 2007* (en Internet: http://www.ipligence.com/worldmap).

Lipovetsky, Gilles (2007): *Los tiempos hipermodernos*. Barcelona. Anagrama.

Matute, Helena (2003): "Adaptarse a Internet. Mitos y realidades sobre los aspectos psicológicos de la red". *La Voz de Galicia*.

Morduchowicz, Roxana (2011): *Los adolescentes y las redes sociales*. Ministerio de Educación (Argentina) (en Internet: www.me.gov.ar/escuela ymedios/material/redes.pdf).

Minuchín, Salvador Y Nichols, Michael (1994): *La recuperación de la familia*. Barcelona. Paidós.

Myrnos, Patrice (1972): *Saber castigar*. Bilbao. Mensajero.

Oecd (2010): *Programa para la Evaluación Internacional de Alumnos (PISA 2009)*.

Osuna, S. Y Busón, C. (2007): *Convergencia de medios. La integración tecnológica en la era digital*. Barcelona. Icaria.

Pérez Tornero, J.M. (compilador) (2000): *Comunicación y educación en la sociedad de la información*. Barcelona. Paidós.

Prensky, Marc (2009): *H. sapiens digital: Desde los inmigrantes y nativos digitales hasta la sabiduría digital* (en Internet: www.psicoadolescencia. com.ar/docs/neurobio3.pdf).

Unesco (2008a): *Informe de seguimiento de la EPT en el mundo. "Educación para todos en 2015. ¿Alcanzaremos la meta?"*.

Unesco (2008b): *Informe de seguimiento de la EPT en el mundo. "Panorama regional América Latina y el Caribe"*.

Unicef (2011): *Internet segura: Redes sociales sin riesgos ni discriminación* (en Internet: www.unicef.org/argentina/spanish/Unicef_InternetSegura _web.pdf).

Xavier, Bringué; Sádaba, Charo y Tolsá, Jorge (2011): *La generación interactiva en Iberoamérica 2010. Niños y adolescentes ante las pantallas*. Madrid. Fundación Telefónica.

Este libro se terminó de imprimir en febrero de 2012
en Buenos Aires Print, Sarmiento 459, Lanús.
Tirada: 1.800 ejemplares

www.ingramcontent.com/pod-product-compliance
Lightning Source LLC
LaVergne TN
LVHW041211050326
832903LV00021B/574